大美三音

杜　鹃　廖高会
黄　晴　张婷婷　编著

中国经济出版社
CHINA ECONOMIC PUBLISHING HOUSE
北　京

图书在版编目（CIP）数据

大美三晋 / 杜鹃等编著. -- 北京：中国经济出版社，2023.8

ISBN 978 - 7 - 5136 - 7359 - 4

Ⅰ. ①大… Ⅱ. ①杜… Ⅲ. ①地方文化 - 山西 - 文集 Ⅳ. ① G127.25-53

中国国家版本馆 CIP 数据核字（2023）第 111491 号

策划编辑　崔姜薇
责任编辑　王骏雄
责任印制　马小宾
封面设计　久品轩

出版发行　中国经济出版社
印 刷 者　北京力信诚印刷有限公司
经 销 者　各地新华书店
开　　本　880mm × 1230mm　1/32
印　　张　7.75
字　　数　159 千字
版　　次　2023 年 8 月第 1 版
印　　次　2023 年 8 月第 1 次
定　　价　68.00 元
广告经营许可证　京西工商广字第 8179 号

中国经济出版社 **网址** www. economyph. com **社址** 北京市东城区安定门外大街 58 号 **邮编** 100011
本版图书如存在印装质量问题，请与本社销售中心联系调换（联系电话：010-57512564）

序 ▶ PREFACE

东屏太行，西濒黄河，北通塞外，南控中原，这是一片神奇灵秀的土地，是黄土高原上熠熠生辉的明珠，也是华夏之根、黄河之魂，这里是历史文化底蕴深厚、太行吕梁山川秀丽的大美三晋。

三晋之美是穿越历史的：作为华夏文明的摇篮、中华文化的发祥地，这里曾点燃过人类最早家园的圣火，回荡着5000年前华夏远祖的足音。三晋之美是气壮山河的：这里有雄伟壮阔的太行山、吕梁山，有巍峨雄姿的恒山、禅意悠然的五台山，有奔腾不息的黄河水、汾河水。三晋之美是香甜四溢的：面食飘香十里、陈醋醇香沁腑，汾酒绵甜甘润，红枣沁甜馥郁、米谷丰稔满舆。三晋之美是绚丽多彩的，这里有象征华夏文明的黄色、革命传统的红色、山水自然的绿色，有代表醋与煤的黑色和代表种类繁多面食的白色，同时还有喻指丰富矿产资源的金色……三晋之美更是精神与文化的荟萃：山西人民始终与我们党共命运、与时代发展同步伐。山西人民为民族独立解放作出过重大牺牲，为国家建设发展作出过突出贡献。在艰苦卓绝的革命战争年代，党领导山西军民浴血奋战，铸就了不怕牺牲，自力更生、百折不挠、勇于探索、甘于奉献的太行精神、吕梁精神；在社会主义建设和改革开放时期，山西军民展现出迎难而上、艰苦奋斗、久久为功、利在长远的大寨精神、右玉精神、锡崖沟精神……这些精神，是中华民族继往开来的重要组成部分，是我们必须永远传承和坚守的宝贵精神财富，是激励我们奋勇前进的强大精神动力。山水自然、人文景观与精神气质共同绘就的三晋壮丽画卷，成就了三晋之美，挺起了三晋之脊。

作为中北大学教师，每每遇到外地学生，我们总喜欢问他们对山西有多少了解；遇到山西籍学生，又总是会问他们会如何宣传山西，但结果常不尽如人意。于是，我们想通过一门课程、一本教材讲述山西故事，为三晋之美的传扬尽绵薄之力。带着这份初心，编者团队编写了本书。本书以“听三晋故事，赏三晋大美”为主题，以“传承太行精神，弘扬民族文化”为主旨，力求以生动的英雄故事触发学生情感、以深厚的人文内涵陶冶学生情操、以进步的价值观念引领学生提升心智。

自 2019 年至今，编者团队利用课余时间，走过山西的山川河流、走访山西的村庄百姓，足迹覆盖了山西的 11 个地区，翻阅诸多文献资料，努力找寻更具有代表性的山西故事，期望向学生呈现一个悠远而回味、震撼而感动，从而引发深思而奋起的“大美三晋”。

“听，中国青年革命运动的强力健将高君宇在振臂呼号、启蒙着山西民众的思想；看，他与石评梅在革命风雨里守望相恋……”

“一支仅有步枪、手榴弹、少量迫击炮和轻机枪的步兵团，在没有空军支援的情况下，激战1小时，歼灭日军敌机24架，我们来讲讲这个故事……”

“还记得申纪兰奶奶吗？她是‘全国劳模’‘全国人大代表’‘共和国勋章’获得者；她是西沟人心中永远操劳的‘申奶奶’‘申大婶’‘申大姐’；她是外国人眼中资格最老的‘国会议员’……”

“民歌《走西口》隐藏着无数山西男人创业的故事，是用血汗、泪水吼出的荡气回肠的创业悲歌。促进了山西与外地的文化交流，促进了商贸的发展，也成了社会变革的积极因素。更重要的是，走西口成就了晋商的辉煌，促进了山西外向型文化心理的逐渐形成。”

……

本书将为您徐徐展开时光画卷，带您领略山西多彩多姿的自然风光、丰富悠久的历史文化、表里山河的战略地位，聆听耀如闪电的启蒙号角，重温东征红军的傲世风流，激赏抗日英雄的浴血浩歌，赞叹解放战争的运筹帷幄，感受当代赤子的担当情怀，领悟光耀千秋的民族精神，培育胸怀天下的开放视野，筑就民族复兴的伟大梦想。

在本书即将出版之际，感谢学校对课程团队给予的支持和鼓励；感谢国防大学军事文化学院教授刘波老师、山西省话剧院一级编剧黄冲老师等专家学者对课程建设给予的帮助；感谢中国经济出版社教育分社社长崔姜薇、编辑王骏雄对本书出版提出的建议。由于时间仓促、水平有限，书中错谬之处在所难免，真诚希望得到广大专家学者的批评指正，以期进一步完善。

作者团队

2023 年 3 月

目　录 ▶ CONTENTS

第一章　文明摇篮：五彩斑斓的锦绣山西　//　001

第一节　表里山河，地灵人杰　//　005

第二节　战略要地，治世重镇　//　024

第三节　巍巍太行，民族脊梁　//　033

第二章　闪电耀亮：五四时期的启蒙号角　//　041

第一节　从中学学霸到北大杰青　//　044

第二节　从优秀儿女到开路先锋　//　049

第三节　从心灵相通到生死相依　//　052

第三章　重塑风流：红军东征的战略抉择　//　065

第一节　雄视千古，今朝风流　//　067

第二节　战略突围，东征抉择　//　071

第四章　浴血太行：抗战时期的雄风浩歌　//　081

第一节　血染战旗，壮士雄风　//　084
第二节　红装翠袖，青史丹心　//　117
第三节　烽火硝烟，最美青春　//　123
第四节　热血琴剑，民族鼓号　//　129
第五节　家国情怀，永不遗忘　//　136

第五章　鏖战上党：解放战争的运筹帷幄　//　151

第一节　复杂背景下的政治抉择　//　154
第二节　围城打援中的生死对决　//　157
第三节　人民战争中的出色战术　//　160
第四节　政治与军事的双重胜利　//　162

第六章　不忘初心：建设时期的家国情怀　//　167

第一节　一辈子的承诺　//　170
第二节　怒放的生命　//　174
第三节　命由我立　//　182
第四节　海阔天空话锡崖　//　184

第七章　继往开来：改革开放时期的中国梦　//　193

第一节　当代愚公之梦：搬山　//　196
第二节　航天梦：四巡苍穹守初心　//　199
第三节　脱贫攻坚梦：走出去，富起来　//　205

第八章　胸怀天下：精神传承的时代使命　//　211

第一节　外向型文化心理的激活　//　213

第二节　晋商崛起与精神突围　//　218

第三节　转型发展与时代使命　//　226

参考文献　//　235

第一章

文明摇篮：五彩斑斓的锦绣山西

［教学目的与任务］

1. 了解山西地形地势、自然风貌和丰富的自然资源。

2. 理解作为中华文化发源地的三晋大地。

3. 理解山西在历朝历代重要的战略地位。

4. 理解山西之大美，包括自然风物、人文景观以及精神气质之美。

［重点与难点］

山西的自然风貌、文化特色与山西精神气质之间的关系。

［线上讲授内容］

山西东屏太行，西濒黄河，北通塞外，南控中原，是华夏文明的摇篮，中华文化的发祥地。这里点燃过人类最早家园的圣火，回荡着5000年前华夏远祖的足音。这是一片神奇灵秀的土地，也是黄土高原上熠熠生辉的明珠。山西是绚丽多彩的，有象征华夏文明的黄色、革命传统的红色、山水自然的绿色，还有代表食醋与煤矿的黑色、面食的白色，以及丰富矿产资源的金色，这些颜色共同绘就了三晋大地的壮丽画卷，形成了以山水自然、人文景观与精神气质为主体的三晋之美。精神气质，是山西人民几千年来，祖祖辈辈用生命与智慧凝结而成的文明精华，是三晋“大美”中最高层次的美。

中华文化辉煌灿烂，三晋文化源远流长。但仍然有人对山西存在着某种程度的误解甚至偏见，请看下面一段对话：

山西男孩和广东女孩初次见面。

男孩：“你是哪里人？”

女孩：“广东，你哪里人？”

男孩：“山西的。”

女孩：“哦，我知道，我知道，你们省会是西安吧，我去那儿旅游过！”

男孩：“不是陕西，是山西，北京附近的那个省，我们省会是太原，西安是陕西的省会。”

女孩：“哦，你们那里出那么多煤，产那么多醋，你怎么长这么白啊？”

男孩：“你真会夸人！”

女孩：“那你家是不是煤老板啊？”

男孩：“不是！”

女孩：“哦，明白了，那你爸一定是挖煤的！”

男孩一脸无奈。

其实，对山西的误解或偏见缘于人们对山西五千年辉煌历史的不了解或了解甚少。现在，让我们以包容开放的心态，走近山西、了解山西、喜欢山西，进而传承三晋精神，弘扬民族文化。

第一节　表里山河，地灵人杰

一、地形复杂　物产丰富

山西位于黄河之东，古时候称为河东，又因为位于太行山以西，故名山西。古代山西称为晋，晋国是从西周时期的唐叔虞“桐叶封弟”开始的。

“桐叶封弟”，语出《吕氏春秋·览部》，西周初年，周武王姬发驾崩，太子姬诵年幼，在叔父周公姬旦的帮助下做了国君，史称周成王。一天，周成王和弟弟叔虞游戏玩耍，成王把一张

图 1–1　桐叶封弟

图片来源：https://baijiahao.baidu.com/s?id=1618384110085937490

桐叶剪成玉圭形，送给叔虞说：“我封你到唐国去做诸侯。”周公听后问成王：“你要分封叔虞吗？”姬诵说：“我是开玩笑的。”周公说：“天子无戏言！”于是，成王择一吉日，把汾水以东的唐国分封给了叔虞。唐叔虞死后，他的儿子姬燮继位，因境内有晋水，便改国号为“晋”。山西简称晋，由此而来。

公元前403年，韩、赵、魏三家分晋，因此山西又称作“三晋”，“三家分晋”成了从春秋到战国的分水岭。

山西地处中国地形第二阶梯黄土高原东部，黄河流域中段。整体轮廓略呈由东北斜向西南的平行四边形，西边有吕梁山，东边有太行山，中部有汾河，因此被称为“两山夹一川”。山西总面积为15.63万平方公里，山地、丘陵占全省面积的80%，盆地、台地等平川河谷占20%。主要盆地有：大同盆地、忻州盆地、太原盆地、临汾盆地、长治盆地、运城盆地，而汾河由北而南汇入黄河。

汾河又称汾水，山西人称其为母亲河，是山西境内最大的河流，黄河的第二大支流。汾河发源于宁武县境内的管涔山下，上游穿行山地，中游流经各个盆地，下游河谷开阔，在河津附近汇入黄河，全长716公里，流域面积约4万平方公里，约占全省总面积的四分之一。汾河养育了山西省40%左右的人口，对山西省的历史文化有着深远影响。

山西的西、南两边为黄河与吕梁山，与陕西、河南相望，东边是太行山，与河北省为邻，北边为长城、沙漠、戈壁，与内蒙古自治区毗连。整个山西凭山控水，自古就有“表里山河”之誉，意思是外围有大河，内部有高山等自然天险作为屏障。

山西省在气候类型上属于温带大陆性季风气候，干燥少雨，光照充足，四季分明。冬季长而寒冷，夏季短而炎热；春季温差大，风沙多；秋季短暂，气候温和。全省年降水量在400~650 mm，但季节分布不均匀，降水多集中于6—8月。山西有三个多雨区，一是晋东南太行山和中条山，二是五台山区，三是吕梁山区。

山西物产丰富，矿产资源最为瞩目，山西是我国著名的煤都。新中国成立后，山西为东部省市提供了大量的煤炭、工业原材料，以及电力等，极大支持了兄弟省市的经济发展。运城的盐池全国驰名，被誉为“国之大宝”和“中国的死海”。

饮食方面，山西老陈醋是中国四大名醋之一，距今已有3000多年的历史，素有“天下第一醋”的美誉。山西老陈醋以色、香、醇、浓、酸五大特征著称。山西酿醋业曾遍布城乡，出现了“家家有醋缸，人人当醋匠”的盛况。

汾酒是我国古老的历史名酒，产于山西省汾阳市杏花村，属于清香型白酒的典型代表，汾酒有着4000多年的悠久历史。汾酒工艺精湛，源远流长。历史上，汾酒有过三次辉煌期：第一次是南北朝时期，杏花村汾酒被奉为宫廷御用，载入“二十四史”，杏花村汾酒一举成名；第二次是唐朝著名诗人杜牧创作《清明》一诗，其中的“借问酒家何处有？牧童遥指杏花村”成为千古绝唱；第三次辉煌是在1915年的“巴拿马万国博览会”上，汾酒获得了甲等金质大奖。

两百多年前，山西盐商把汾酒酿制技艺传到贵州茅台，才有了后来的茅台名酒，因此有“茅台老家在山西”的说法。汾酒是古代中国劳动人民智慧的结晶，也是中华优秀传统文化的瑰宝。

山西面食也享誉全国，有据可查的山西面食就有280多种。从原料来说，有白面、莜面、荞面、绿豆面、高粱面、玉米面等；从技艺来看，有蒸、煮、煎、炸、烙、烧、烤、烩等。代表面食有刀削面、猫耳朵、拔鱼儿、莜面栲栳栳等。

著名作家老舍先生在20世纪60年代，初尝山西面食后，欣然题诗："驼峰熊掌岂堪夸，猫耳拔（山西方言）鱼实且华。"

山西的土特产种类也很多，比如平遥牛肉、闻喜煮饼、太谷饼、原平锅盔等。

这些土特产历史悠久，闻喜煮饼在明朝末年就颇有名气，从清朝嘉庆年间至今的两百多年远销全国，在山西有着"饼点之王"的美誉。鲁迅先生在小说《孤独者》中提过闻喜煮饼。书中的主人公"我"提着两包闻喜煮饼去看朋友魏连殳，可见闻喜煮饼的普及程度。

二、华夏源头　文明摇篮

黄土高原与黄河流域是中华文明的摇篮，是华夏民族的主要发祥地。而山西恰好位于黄土高原东部和黄河流域中段，有文字记载的历史已超过3000年，被誉为"华夏文明的摇篮""东方艺术的博物馆"。

2001年，凤凰卫视推出的一档专题电视节目，全方位介绍山西的历史和经济发展情况，并提出"十年中国看深圳，百年中国看上海，千年中国看北京，三千年中国看陕西，五千年中国看山西"的理念。

山西旧石器文化遗址存量高，现已查明全省的旧石器文化遗址近406处，其中旧石器时期遗址的数量居全国首位。同时，山西也是黄河流域新石器文化的核心地区，已发现新石器时代遗址2000余处。

山西现存地面文物约3.5万处，居全国第一，全国重点文物保护单位的数量也居全国第一。众多的艺术品种中，山西在古建、壁画、雕塑、石窟、古城和民居建筑方面可谓独占鳌头。目前仍然保留了18000多处的古建筑，已确认为金代以前的木结构建筑，全国共有146座，山西独占106处，较完整的3处唐代木结构建筑均在山西境内，堪称山西省宝。

山西还拥有唐朝以来的彩塑作品12712尊，是国内寺观彩塑遗存最多的省份。山西现存汉唐至明清的寺观墓葬壁画24000多平方米。长城在山西省的境内长度达2500多公里；北魏至明清的石窟，山西有300余处，其中的云冈石窟、天龙山石窟为国家级的文物保护石窟。

有人或许会有这样的疑问，山西黄土高原，干旱少雨，山多地少，怎么会是华夏文明的发祥地呢？

其实，在古代，处于黄河中下游的晋南地区，气候温和、雨量充沛、土地肥沃，适合作物的生长和人类的生活，因此历史传说中的“尧都平阳”“舜都蒲坂”“禹都安邑”，其地理范围与山西西南部大致相当，因而山西才成为华夏文明的发祥地。

扫描下方二维码
了解更多三晋故事

中国文献中的著名神话，如炎帝尝百草、精卫填海、后羿射日、大禹治水、女娲补天、愚公移山、黄帝蚩尤之战、夸父追日、尧舜禅让、成汤祷雨等，几乎都与晋东南及其周边地区密切相关。而临汾市襄汾县陶寺文化，距今4500~4100年，经陶寺遗址的考古发现，古代平阳（今临汾），便是尧都。据大量的考古事实证明，尧、舜、禹等先祖活动的核心区域多在晋南运城一带。

图 1-2　女娲补天雕塑（作者团队拍摄）

尧建都平阳，把中国划分为九州，建立了我国历史上首个统一的国家体制；同时敬敷五教（是指对百姓进行五种伦理道德的教育，“五教”即父母兄弟子，又称“五常”），确立了中国最早的教育制度；大禹治水开创了我国历史上兴修水利的先河；仓颉造字开创了文字记事的先河；后稷稼穑，神农氏教人种地，表明我国进入农耕时代。这些都标志着华夏民族进入文明社会，山西也因此被称为“华夏之根”“华夏文明的摇篮”。

图 1-3 大禹治水

图片来源：https://baike.so.com/gallery/list?ghid=first&pic_idx=1&eid=10040819&sid=10541033

山西人杰地灵，历史文化名人群星闪耀：有荀况、重耳、介子推、廉颇、柳宗元、王维、王之涣、王勃、白居易、罗贯中、关汉卿、狄仁杰、武则天、司马光、元好问、关羽、卫青、霍去病、傅山、于成龙等为代表的一大批政治家、思想家、文学艺术家、教育学家、历史学家和军事家。

山西还是民歌的海洋、戏曲的摇篮，民俗文化在全国独领风骚。山西还有众多的非物质文化遗产，比如山西民间社火、山西皮影、跑旱船、踩高跷、狮子舞、倒悬花鼓、太原背棍、山西民间锣鼓、木版画、剪纸、炕围画、刺绣、云冈绢人、面塑等。

三、民族杂居　文化融合

山西地处中国地势第二阶梯到第三阶梯的过渡地带，地理上的过渡带来了文化的交融。山西是北方游牧民族南下中原的跳板，是东部和西部经济文化交流的要道，因而成为民族文化交流与融合的核心区域。山西自古就是华夏民族与北方民族混合杂居之地。在历史的长河中，这里曾有过刀光剑影的冲突，有过不同文明的征战与抵抗，但更多的是各民族之间的相互学习、取长补短、渗透互助、交相融合。

山西民族融合最典型的例子便是“胡服骑射”。

战国时期的赵国，北方居住的多为胡人部落。胡人身穿短衣、长裤，作战骑在马上，动作十分灵活，开弓射箭，运用自如，往来奔跑，迅速敏捷。而赵国军队虽然武器比胡人精良，但官兵都身穿长袍、甲胄笨重，骑马很不方便。因此，在交战中常常处于不利地位。于是，赵武灵王于公元前302年开始改革。他号召赵国人改穿胡人的短衣、长裤，向胡人学习骑马射箭。其改革措施遭到一些大臣的反对，他们指责武灵王说：“衣服习俗，古之理法，变更古法，是一种罪过。”武灵王批驳他们说：“古今不同俗，有什么古法？帝王都不是承袭的，有什么礼可以遵循？夏、商、周三代都是根据时代的不同而制定法规，根据不同的情况而制定礼仪。礼制、法令都是因地制宜，衣服、器械只要使用方便，就不必死守古代那一套。”赵武灵王力排众议，下令在全国改穿胡人的服装，并训练骑兵队伍，改变了原来的军事装备，赵国的国力也逐渐强大起来，最终成为“战国七雄”之一。

赵武灵王是晋人改革创新的典型代表，其革新措施也是三晋文化开放包容的典型事例。

在农耕文明与草原文明长期交融的过程中，汉族、匈奴、蒙古、契丹、女真、党项等民族共同创造了辉煌灿烂的三晋文化，从而进一步推动了中华文化的形成。其中的云冈石窟便是民族文化融合的典型代表，它是古老的中华文化与印度文化、波斯文化、阿拉伯文化，乃至古希腊文化和古罗马文化相互交融而成的艺术精华。此外，天龙山石窟、蒙山大佛等也是不同文化交融而成的艺术瑰宝。

不同民族文化的碰撞、融合在经过历史的长期沉淀后，三

图 1–4　胡服骑射雕塑

图片来源：https://new.qq.com/rain/a/20230321A083NZ00.html

晋大地上形成了八大文化品牌——华夏之根、黄河之魂、佛教圣地、晋商家园、边塞风情、关公故里、古建瑰宝、太行神韵。这些文化最终又汇聚到不断发展进步的民族文化的洪流之中。

四、旅游资源 丰富多彩

对于山西，民国才女林徽因在《山西通信》中曾这样写道："居然到了山西，天是透明的蓝，白云更流动得使人可以忘记很多的事，单单在一点什么感情底下，打滴溜转；更不用说到那山山水水，小堡垒，村落，反映着夕阳的一角庙，一座塔！景物是美得到处使人心慌心痛。"书中令林徽因"心慌心痛"的美是指山西独特的山水自然与人文景观。

图 1–5 恒山（作者团队拍摄）

恒山，为五岳中的北岳，位于山西省大同市浑源县，恒山以道教闻名，有108峰，东西绵延150公里，莽莽苍苍，横亘塞上，巍峨耸峙，气势雄伟。恒山悬空寺举世闻名，整个寺院悬挂于绝壁之上，堪称建筑史上的创举。

图1-6　悬空寺（作者团队拍摄）

万年冰洞在宁武县城西50公里处的春景洼乡，海拔2300米。万年冰洞为全国独有、世界少有的自然奇观。

芦芽山是管涔山的主峰，位于山西宁武县境内，距宁武县城西南30公里，属吕梁山脉，海拔2739米，因形似“芦芽”而得名。与芦芽山紧邻的五寨荷叶坪风景区，有华北最大的亚高山草甸，其面积上万亩。山上古木参天，浓荫蔽日，与五台山并称“清凉胜地”。盛夏时节，草甸绿草如茵、鲜花似锦，登高望远，美不胜收，素有“高原翡翠”之称。

山西庞泉沟国家级自然保护区位于山西省交城县西北部和方山县东北部交界处，地处吕梁山脉中段，属野生动植物类自然保护区，主要保护对象是中国特有珍禽——褐马鸡。

图 1-7　庞泉沟

图片来源：http://www.yidianzixun.com/n/0Iokpuw6?appid=oppo&from=groupmessage&s=3&utk=ab5c5a9v&ver=3.8.1.0

绵山、北武当山、王莽岭都是自然景观与人文景观交相融合的风景名胜。绵山位于介休，春秋晋国介子推携母隐居于此，后晋文公为逼其出山而放火烧山，介子推拒不出山，被焚于此。后人造“寒食节”纪念他，因此绵山是寒食节的发源地。

北武当山，位于山西省方山县境内，集“雄、奇、险、秀”于一身，是吕梁山的一颗明珠，素有“三晋第一名山”之称，是我国北方道教圣地之一。

图 1-8　北武当

图片来源：https://baijiahao.baidu.com/s?id=1618431040793105195

王莽岭，位于山西省晋城市陵川县古郊乡境内，因西汉王莽赶刘秀到此地安营扎寨而得名，云海日出、奇峰松涛、挂壁公路、红岩大峡谷、立体瀑布，形成了八百里太行最著名的自

图 1-9　王莽岭

图片来源：https://dp.pconline.com.cn/dphoto/list_1875553.html

然与人文景观，素有“清凉圣境”“太行至尊”的美誉。毛泽东秘书李锐畅游景区后称赞道：“不登王莽岭，岂识太行山。天下奇峰聚，何须五岳攀。”

太行山大峡谷，位于山西省东南部的长治市壶关县，绵延40多公里，相对高差200~800米，峭壁陡立，峡谷纵横，是“中国十大峡谷”之一。

图 1-10　太行山大峡谷

图片来源：https://www.toutiao.com/article/6907669717629092352/?log_from=97c91c765c976_1659431810707&wid=1661497465641

太行八陉，即太行山中的八大关隘，是古代的交通要道。这些险要的陉道目前大部分仍发挥着它们的作用。其中，井陉素有“太行八陉之第五陉、天下九塞之第六塞”之称，据说，秦始皇死于赵地后，他的尸车就是通过井陉运回老家关中的。后来，韩信的背水一战和抗战时期的百团大战也皆以此地为主战场。而晋城陵川县黄围山景区的白陉保存了“太行八陉”

中目前最长的一段古道，总长 5 公里，栈道上还留存了多处马蹄印。

壶口瀑布地处秦晋大峡谷的南段，是中国第二大瀑布，也是世界上最大的黄色瀑布。夏季水量大增，壶口瀑布气势恢宏；而冬季天寒地冻，形成了罕见的巨大冰瀑。

图 1–11　壶口瀑布

图片来源：https://www.sohu.com/a/471180631_120603623

山西的人文景观更是种类繁多，其中知名度较高的人文景观有云冈石窟、五台山、晋祠、平遥古城等。

云冈石窟，位于大同市西郊 17 公里处的武周山南麓，云冈石窟的造像气势宏伟、内容丰富多彩，堪称公元 5 世纪中国石刻艺术之冠，被誉为中国古代雕刻艺术的宝库。

图 1–12　云岗石窟（作者团队拍摄）

应县木塔，位于山西省朔州市，是中国现存最高、最古的且唯一一座木构塔式建筑，与意大利比萨斜塔、巴黎埃菲尔铁塔并称“世界三大奇塔”。应县木塔属于纯木结构、无钉无铆。塔内供奉着两颗释迦牟尼佛牙舍利。

五台山，位于中国五台县内，位居中国四大佛教名山之首，是文殊菩萨的道场。

图 1–13　五台山（作者团队拍摄）

晋祠，位于太原市晋源区晋祠镇，是中国现存最早的皇家园林，为纪念晋国开国诸侯唐叔虞而建。祠内的几十座古建筑，都具有鲜明的中华传统文化特色。晋祠中的难老泉、侍女像、圣母像被誉为“晋祠三绝”。

图 1-14 晋祠

图片来源：https://www.sohu.com/a/277455997_100315

平遥古城，位于山西省中部平遥县内，被称为“保存最为

图 1-15 平遥古城

图片来源：https://m.dahepiao.com/news/20220331263116.html

完好的四大古城”之一，也是中国以整座古城成功申报世界文化遗产的两座古城之一。

乔家大院，是一座具有北方汉族传统民居建筑风格的古宅。被专家学者誉为“北方民居建筑史上一颗璀璨的明珠”，素有“皇家有故宫，民宅看乔家”的美誉。

洪洞大槐树寻根祭祖园是民祭圣地，大槐树位于洪洞广济寺内，是山西移民世世代代的精神寄托之所。

图 1–16 大槐树（作者团队拍摄）

位于晋城市的皇城相府，是一处罕见的明清两代城堡式官宦住宅建筑群，被专家誉为“中国北方第一文化巨族之宅”。

尧庙位于临汾市，尧庙始建于西晋，距今有 1700 多年历史，是专门纪念尧、舜、禹三位先祖的庙宇，为历代国家级祭祀场所。

关帝庙，是为了供奉三国时蜀国大将关羽而兴建的，关羽被尊崇为“武圣”，与“文圣”孔子齐名，山西关帝庙位于关羽的出生之地，即运城市解州城西，它是至今仍保存完整的全国最大的关帝庙。

图 1–17　尧庙

图片来源：https://www.sohu.com/a/288680564_100303

另外，山西还有丰富的红色旅游资源，包括平型关战役遗址、石楼红军东征纪念馆、八路军太行纪念馆、武乡八路军总司令部旧址等。这些红色旅游景点，成为纪念革命先辈，传承太行精神的重要教育基地。

正是在气势磅礴的黄土高原、钟灵毓秀的自然山水中融入了丰富而厚重的历史文化，灌注了博大而崇高的人文精神，才能孕育出摄人心魄的三晋大美。

第二节　战略要地，治世重镇

一、军事要塞　地形完固

山西地形地势被称为“表里山河”，该词出自《左传》：“子犯曰：‘战也。战而捷，必得诸侯。若其不捷，表里山河，必无害也。’”当时晋文公重耳驻军城濮（山东鄄城西南），准备与楚国展开争霸战，但临战之前又有所犹豫，大臣狐偃（子犯）劝说道：“打吧打吧，打了胜仗，一定会得到诸侯拥戴。如果打不赢，晋国内有太行，外有黄河，也必定不会遭受什么损害。”由此可见，山西的地理位置是易守难攻的。

山西地处黄土高原的东部，北连阴山、大漠，南部以黄河、中条山为界，东以太行山为屏障，西以黄河为襟带。关山险固，易守难攻，因而清代的顾祖禹在《读史方舆纪要》中曾说：“山西居京师上游，表里山河，称为完固。”“天下形势，必有取于山西。”当中央王权强盛一统之时，外可拒侵，内可治乱，成为巩固统治的战略要地；当中央王权削弱崩溃之时，手握重兵的地方势力则“因势乘便，可以拊天下之背而扼其吭（咽喉）也”，随即称雄天下，割据一方。一旦动荡来临，山西便成为华夏民族的避难所和文明的延续地；而和平自治时，山西则韬光养晦、固本强基，成为国之根本。

扫描下方二维码
了解更多三晋故事

山西历代都毗邻都城。唐朝以前，都城主要在西安；五代以后，都城主要在北京。六大古都依次为北京、西安、洛阳、开封、南京、杭州。山西处在北京与西安、洛阳之间，与中央政府联系紧密。山西对都城的安危具有特殊的重要性，历代王朝都注重山西地区的军事建设，屯驻重兵，委任重臣，储粮备边，使山西成为历代王朝的军事重镇。比如秦朝时期，为防御匈奴的侵扰，秦始皇沿长城在山西西北部修筑了连接九原、云中、雁门、代郡等地的驰道（驰道即马车运行的道路），以便调动军队和运输。

二、关隘险要　易守难攻

山西表里山河，关隘险要，易守难攻，因而历代王朝都把山西作为抵御北方游牧民族铁骑南下的边防重镇之一。历史上山西被视为“东带名关，北逼强胡，年谷独熟，人庶多资，斯四战之地，攻守之场”的军事重镇。

山西北部有大同、朔州，有“北方锁钥”之称，乃历代兵家必争之地，这个地方从春秋战国开始，战火断断续续地燃烧了 2500 年。

位于忻州的雁门关，北通晋北重镇大同，远至蒙古高原，南通晋中重镇太原，还可辗转到达古代政治中心区中原和关中，战略地位十分重要，有“天下九塞，雁门为首”之说。这里是三晋的咽喉之地，雁门失守，则太原危险，太原陷落，则中原、关中震动。

千百年来，雁门关留下了许多脍炙人口的诗句。这些诗歌多以抒写雁门关的险要为主。无产阶级革命家、诗人陈毅于

1948 年写下了《再过雁门关》一诗：

百尺雄关气郁森，驱车登览感丛生；
能兵李牧难终任，多计刘邦仅免身。
慷慨捐躯悲继业，从容谪戍念南星；
纷纭千古伤心事，端绪由来封建根。

诗歌中间两联涉及的几个典故都与山西战略位置的重要性有关。“能兵李牧难终任”中的李牧为赵国良将，常年驻扎雁门关以防匈奴入侵，并大败匈奴，使匈奴十多年不敢入侵赵国。后来秦国攻打赵国，李牧智胜秦军，但秦将王翦成功使用反间计，李牧最后为赵王所杀。

“多计刘邦仅免身”此典故讲的是汉高祖六年（公元前 201 年），匈奴大举南下，由于雁门关守将汉高祖之兄刘喜弃城而逃，匈奴很快占据了山西北部，进而占据了太原，山西大半为匈奴占有。关中与山西唇齿相依，山西存亡关系着汉朝安危。汉高祖刘邦御驾亲征，从太行山上党地区攻占太原，随后带大军进攻平城（即今日的大同），但被匈奴 40 万大军包围于城东白登山七天七夜，饥寒交迫之际，通过贿赂敌军才得以突围。这便是历史上著名的“白登之围”。

“慷慨捐躯悲继业”指宋代杨继业在雁门关慷慨捐躯。“从容谪戍念南星”指明代吏部尚书、东林三君之一的赵南星，因革职戍守雁门关，直至老死。

陈毅诗歌中的典故说明了一个历史事实，即历代王朝都把雁门关作为重要军事要塞。

就山西中部而言，有北方重镇太原，太原位居晋中汾河河谷的北端，是山西南北往来的要冲，其地形特点可用“山河表里，城塞之府”概括，历来都是兵家必争之地。李白在《秋日于太原南栅饯阳曲王赞公贾少公石艾尹少公应举赴上都序》中写道：“襟四塞之要冲，控五原之都邑。”即控制太原北边雁门关，便可抵挡北方草原游牧民族南下，继续南下则可以沿着汾河河谷运动，直驱黄河进入中原腹地。向西可以进入河西（今称河套地区），然后向南威胁关中，向东则可以沿阳泉道出井陉关进入河北平原。因此太原的军事意义，就在于它作为战略要地可进可退。

图 1–18　雁门关

图片来源：https://www.sohu.com/a/238313302_483340

山西军事战略地位的重要性，从抗战时期的太原保卫战便可见一斑。我们可以通过抗日战争时期日军的作战计划来反观太原的战略地位。

日本人在进行华北攻势的时候，并不急于攻占山东和河北，他们中途改变用兵重点，全力进攻山西。日军认为，占领中国、夺取华北，山西是关键，因为山西是华北的要塞，被称为“华北的屋脊”。山西四面环山，地势险要，在军事上被称为“华北之锁钥”。若想统治华北，必先占领晋绥，想占领晋绥，必先夺取太原。因此，日军将整个山西作为他们作战的重要目标。日军命令第十师团沿平绥铁路进攻山西，第十四师团沿平汉铁路向山西开进，第五师团沿正太铁路进攻山西。

日军制订好作战计划后，随即兵分两路，一路从北面张家口等地向南挺进，试图占领大同后，南下攻克太原；一路沿着正太铁路，由东向西进攻，试图攻克娘子关，然后占领太原。而中国军民奋勇抵抗，于1937年9—11月打响了太原会战，其中著名的战役有平型关战役、忻口战役、太原保卫战。

忻口战役中，国共双方密切配合，协同作战，消灭了两万多日军，让日军21天寸步难进，粉碎了日军“一个月占领山西”“速战速决”的美梦。但中国军队也作出了较大牺牲，中国陆军第14集团军第9军军长郝梦龄在此次战役中牺牲，他是抗日战争爆发后阵亡的第一位军长，殉国时年仅39岁。在阵亡前，他曾留下一封遗书：“此次抗战，乃民族国家生存之最后关头，抱定牺牲决心，不成功，便成仁。为争取最后胜利，使中华民族永存世上，故功成不必在我，我先牺牲……故余牺牲亦有荣焉，为军人者，对国家战亡死，可谓得其所矣。”

北路日军久攻忻口不下，陷入被动局面。但由于山西战区的总司令阎锡山轻视了娘子关的防御，导致娘子关失守，日军挺进太原，由此打响了太原保卫战。

图 1-19　忻口战役

图片来源：https://cj.sina.com.cn/articles/view/6221496984/172d4829800100494p?finpagefr=p_104

拓展阅读：

太原保卫战[①]

由于娘子关方面作战的失利，使太原危在旦夕。阎锡山为集中兵力坚守太原，下令忻口守军全线撤退，整编部队并进行了布防。阎锡山在太原召开军事会议，确定保卫太原的方针：

① 资料来源：军事科学院军事历史研究部.中国抗日战争史［M］.北京：解放军出版社，2015.

“利用太原四周既设阵地线，实行依城野战，以阻敌前进，消灭其兵力，待我后续兵团到达，再施行反攻夹击而聚歼之。”

对于太原的守卫，周恩来一直非常关注。还在忻口战役刚刚开始的时候，即1937年10月12日向阎锡山等建议，必须转变作战方法，力争在忻口等地区求得小胜利。并指出，保卫太原，必须背靠山地，在野战中求胜利，不应以多数兵守城，或正面堵击。在太原军事会议上，周恩来对受领守城任务的傅作义说：“我愿代表中国共产党，还有全民族，诚恳地对你说一句话，抗日战争胜利的基础，在于广大人民群众之深厚的伟大力量，请你保重。”之后，周恩来一直坚持到11月5日夜，才和八路军驻晋办事处最后一批人员撤离太原。

太原城防由傅作义负责指挥，其部署如下：第35军和第73师1部分别防守东、西城，并以1部兵力配置在外围；新编第3团防守北城；独立第1旅配置在西城，第213旅配置在南城；新编第8、第9团为预备队。11月2日，阎锡山致电卫立煌令其指挥孙连仲部和汤恩伯部，利用太原附近既设阵地和有利地形，夹击并歼灭进攻太原之日军。此时，晋东守军因接连败退，仅孙连仲部等少部人员到达太原；而晋北部队撤退时，又遭日军追击及空中火力打击，仓促行动，未能占领青龙镇、天门关一线阵地，4日已退至太原城北郊。战场情况对守军十分不利。

5日，日军第5师团攻占阳曲城。6日，由忻口南下和沿正太路西进的日军相继逼近太原，日军先头已抵达太原北郊，主力随后即在城东、北两面展开并发起攻击，开始与配置在城外的守军接火，其地空火力也开始向城内实施突击。卫立煌除抽调第68师（即独立第8旅）、第71师及独立第7旅等部，增援第7集团军守备太原城外，将主力转移至太符、交城之线，以阻止日军沿同蒲路继续南侵。由于忻口守军连日作战，损失惨重，战斗力大减急需休整待补，第二战区为保存军力，遂令其向晋南撤退。在外围防守部队相继南撤后，守卫太原城垣的部队，仅有第35军的9个营及独立第1旅、第213旅等部10个营，共约19个营的兵力。奉命增援守城的部队，除独立第8旅之1个营于6日21时渡过汾河，进入城内外，其余部队均因受阻而循汾河西岸南撤。这样，“依城野战”变成了“孤城独战”。

7日，日军第20师团也抵达太原附近地区，与第5师团在太原附近之狄村、双塔寺等地会合，且此时城西汾河上各处桥梁已均被日军占领，太原城已陷入了日军的包围之中。日军以步炮联合攻城，并出动飞机向城内狂轰滥炸。激战竟日，城外守军大部壮烈牺牲，余部于黄昏撤入城内据守。入夜，傅作义将军亲自登城指挥，鼓舞士气。8日晨，日军凭借优势火力继续攻城。战至9时，城垣东北角及西北角被日军轰陷，东、北两面城墙亦被轰开突破口十余处，敌趁机向城内猛冲。守军将士奋勇截击，至午后4时许将各突破口封锁，仅在东北城角一处，仍与敌1000余人展开激烈巷战。黄昏后，日军一部空降于城中大校场，并四处袭击。守军官兵虽奋力血战，但终因伤亡过重，无力再战，被迫于21时由城南门突围，经文水向离石方向撤退。太原遂告陷落。

忻口、太原作战，历时一个多月，中国军民共毙伤日军20000余人。会战过程中，广大官兵英勇顽强，前仆后继，表现出不屈不挠的精神。尽管由于国民党军事当局在作战指挥上有严重失误，处处防守，正面堵击，兵力分散，尤其是对娘子关方面的防御重视不够，致使娘子关失守，使战役全局陷入被动，以致太原被日军所占，但它仍不失为抗战初期华北战场上规模最大、战斗最激烈、持续时间最久、战绩最显著的会战之一，也是国共两党合作抗日配合较好的一次会战。

山西南部的风陵渡，与茅津渡、大禹渡并称黄河三大古渡口，也被称为“三晋屏藩”。其中，风陵渡地处晋、秦、豫三省交界的黄河大拐弯处，所谓“鸡鸣一声听三省”就是指这里。风陵渡，是传说中女娲抟土造人的地方。风陵渡是山西省的南大门，是通往我国华北、西北、西南和中原大地的咽喉要道，一向为兵家必争之地。这里曾是魏国与秦国的古战场，东汉时曹操伐韩遂、马超，西魏时宇文泰破高欢等著名战争，均发生在风陵渡。如今是“一带一路”的“桥头堡”，是黄河金三角的一颗璀璨明珠。

抗日战争时期，著名的中条山保卫战就在风陵渡、茅津渡一带打响。中条山防线是国民党在华北唯一保留下来的抗击日军的战场。抗战期间，西北军在中条山一带浴血奋战，牢牢地钳制住了日军的进攻势头，取得了中条山战役的伟大胜利，从而保住了陕西和整个大西北。

正因为山西具有重大的军事战略价值，才成为抗日战争的主战场，而太行山则在抗战中挺直了脊梁，太行军民成为抗战时期的中坚力量。

第三节 巍巍太行，民族脊梁

一、管控山河的战略地位

太行山脉，位于山西省与华北平原之间，纵跨北京、河北、山西、河南4省市，山脉北起北京市西山，向南延伸至河南与山西交界地区的王屋山，西接山西高原，东临华北平原，呈东北—西南走向，绵延400余公里。太行山是横亘在中国东部地区的巨大阶梯，是黄土高原和华北平原的天然分界线。太行山巍峨挺立、群峰峥嵘，形成了纵向延伸几百里的雄伟山脉，形似中国地理版图中的脊梁。

古代文人墨客写过很多有关太行山的诗文。曹操曾发出“北上太行山，艰哉何巍巍”的感叹；白居易曾写下“马蹄冻且滑，羊肠不可上”的诗篇；苏轼则言“上党从来天下脊”；元代诗人熊戴有诗云“天下多名山，太行居第一”。明代文学家王世贞在《适晋纪行》中对太行山的巍峨险峻有着较为具体的描写：

“自是始入太行，亦不甚险恶，舁夫（抬轿者）鱼贯而上，久之以为绝顶矣，乃复有山障之，愈上愈不穷。至碗子城，为豫并界。两山相对，数十百丈，巨壑陡绝无底。中为岭道，石梁如玉雪，又复数岭，回顾中原，惝恍无尽，平楚郁郁，纷吐苍翠，日色与云气争长。俄而，雨缭数十里。中亘其半，狂风骤发，万窍怒号。食顷，雨亦随至。诵唐人‘三晋云山皆北向，二陵风雨自东来’，俨然若画。”

太行山形势险峻，自古被视为兵家必争之地。从春秋战国直到明、清，两千多年以来，战争烽火不曾熄灭。拿辛亥革命来说，太行山以及整个山西发挥了极为重要的战略作用。

图 1–20　巍巍太行山

图片来源：https://m.gmw.cn/2021–09/09/content_1302566580.htm

辛亥革命爆发后，同盟会山西支部在阎锡山领导下实施“南响北应”战略，发动了响应武昌起义的太原起义，推翻了清朝在山西的统治，并从娘子关东出太行山，与在河北的武装力量组成燕晋联军，依靠太行山天险，扼守南北交通要冲，从而切断了清廷与南方的联系，有力地支援了南方革命。1912 年，孙中山先生考察山西时说道：“去岁武昌起义，不半载竟告成功，此实山西之力”，也就是说，武昌起义没有半途而废，实际上，它在很大程度上依靠了山西的力量，孙中山在此对以太行山为主体的山西战略地位做出了充分肯定和高度评价。

在抗日战争时期，河北、山西的八路军129师在刘伯承、邓小平的领导和指挥下，创建了太行山根据地，为抗战的胜利作出了巨大牺牲和重大贡献。

1944年，陈毅元帅为参加中共七大途经太行山，写下了长诗《过太行山书怀》，描述了太行山的管控山河的战略地位，以及太行山革命根据地波澜壮阔的革命斗争历史。

“太行山似海，波澜壮天地。山峡十九转，奇峰当面立……黄河东走汇百川，自来表里太行山。万年民族发祥地，抗战精华又此间。山西在怀抱，河北置左肩。山东收眼底，河南示鼻端。长城大漠作后殿，提携捧负依陕甘。更有人和胜天时，地利攻守相攸关。创业不拔赖基地，我过太行梦魂安。”

总体而言，太行山不但有着众多的关隘、幽深的古道、秀美的景色和深厚的文化，而且其雄奇险峻的战略位置，还给予了山西“外可抵御侵略，内可治乱修养”的无尽呵护。

二、光耀千秋的太行精神

由于太行山形势险峻，因此踞太行而问鼎中原，是历代兵家的基本战略。以毛泽东为代表的中国共产党人把山西作为中国革命和抗日战争的战略基地，正是以此为客观依据。毛泽东指出：“红军将来主要做山西文章。经营山西，是对日作战的重要步骤。”

1937年，日军在华北发动了七七事变，开始了全面侵华战争。中共中央发布通电号召全中国军民团结起来，抵抗日本的侵略，国共双方逐步形成了抗日民族统一战线，开始了共同抗日。因为国力和装备上存在着巨大差距，我方正面战场军队虽奋力抵抗，但仍不敌日军，华北地区大片国土沦陷。日军气焰嚣张，放出狂言“三月解决中国事变”。不久，战火就烧到了“华北屋脊”——山西，日本鬼子又叫嚣：“打开了太行山就打断了中国人的脊梁。”中华民族处在生死存亡的紧要关头。

抗日战争爆发后，共产党领导的工农红军改编为国民革命军第八路军，在毛泽东、朱德、彭德怀、刘伯承、邓小平等人领导指挥下，于 1937 年 8 月东渡黄河，开赴山西抗日前线，依托五台山、吕梁山、太行山建立起晋察冀、晋绥、晋冀鲁豫三大敌后抗日根据地。三晋大地从此燃起了长达 8 年的抗日烽火。800 万太行劳苦大众和广大的工人、农民、知识分子，特别是广大的爱国青年学生纷纷加入八路军组织的抗战行列，山西成了“八路军的故乡、子弟兵的摇篮”。三晋大地上军民一心、英勇奋战，其中著名的平型关大捷、雁门关大捷、奇袭阳明堡、百团大战、黄崖洞保卫战，都是抗战史中可歌可泣的篇章。8 年抗战，中华儿女用生命与鲜血谱写了抗击外来侵略可歌可泣的壮丽史诗。

八路军在极为艰苦的条件下，克服重重困难，视死如归，保家卫国。时任八路军副参谋长左权在写给母亲的信中曾说：“我们改编为国民革命军后，当局对我们依然苛刻，但我全军将士都有一个决心，为了民族国家的利益，过去没有一个铜板，现在仍然是没有一个铜板，将来也不要一个铜板，过去吃过草，准备还吃草”，我们决定与华北人民共艰苦、共生死。无数抗日英雄儿女浴血奋战，用血肉之躯和钢铁意志抒写了伟大的太行传奇，用鲜血和生命孕育和铸就了伟大的太行精神。

下文节选自风靡全国的不朽战歌《在太行山上》，让我们跟随这段文字，一同感受烽火连天岁月中，革命先辈们英勇奋战血洒疆场的悲壮场面。

红日照遍了东方，自由之神在纵情歌唱！
看吧！千山万壑，铜壁铁墙！
抗日的烽火，燃烧在太行山上！

气焰千万丈！听吧！
母亲叫儿打东洋，妻子送郎上战场。
我们在太行山上，我们在太行山上；
山高林又密，兵强马又壮！
敌人从哪里进攻，我们就要它在哪里灭亡！
敌人从哪里进攻，我们就要它在哪里灭亡！

抗日战争早已远去，但这首战斗之歌、胜利之歌，这首诞生在巍巍太行的不朽战歌，将一直与我们同在，它将永远激励中华儿女，艰苦奋斗、顽强拼搏，并将同伟大的太行精神一起，穿越历史，延续民族精神，被世代传唱。

那么，太行精神究竟是什么呢？

太行精神，是以毛泽东、朱德、彭德怀、刘伯承、邓小平、聂荣臻、徐向前等老一辈革命家为代表的中国共产党人，把马克思主义理论与中华民族的优良传统，同中国革命实践相结合而形成的民族精神，是中国共产党领导太行军民用鲜血和生命谱写的革命精神。太行精神的实质与要义，即不怕牺牲、不畏艰险；百折不挠、艰苦奋斗；万众一心、敢于胜利；英勇奋斗、无私奉献。太行精神是巍巍太行山孕育的中华民族伟大爱国主义精神和革命英雄主义精神，它将光耀千秋，彪炳史册。

“太行浩气传千古”，2009 年 5 月 25 日，习近平总书记在视察八路军太行纪念馆时，对太行精神作出了新的诠释：“结合当下实际情况，与时俱进地大力弘扬太行精神，坚定正确的理想信念，始终保持对党、对人民、对事业的忠诚；坚持执政为民的政治立场，始终保持同人民群众的密切联系；锤炼坚忍不拔、百折不挠的品格，始终保持知难而进、奋发有为的精神状态；坚守党的政治本色，始终保持艰苦奋斗的优良作风，为推动经济社会更好、更快地发展提供强大的精神动力。”

太行精神是民族精神的集中体现，它源于三晋大地 5000 年绵延不绝的文明底蕴、源于表里山河的自然陶冶。它如同血液般融入中华女儿的体魄之中，成为世代传扬的图腾象征与精神力量。大寨精神、右玉精神、锡崖沟精神、吕梁精神正是对太行精神的继承与传扬，它们是华夏文明的菁华，是三晋大地上世代闪耀的精神之光。

[线上作业布置]

1. 谈谈你对山西人文化心理的认识与评价。

2. 请结合山西或自己的实际情况，谈谈自然环境对地域文化的影响。

3. 请结合山西的战略地位，谈谈山西如何在“一带一路”中发挥自己的优势。

［线下翻转课堂］

“美”的对话。

教学形式：老师与学生就“美”的三种层次以及如何在日常生活中，传承太行精神进行相关讨论，并与其他学生形成互动。

［课后作业］

完成线上章节测试。

［课程思政要点］

通过对山西的自然风光、历史文化、自然资源、地方特产等内容的介绍，尤其对山西战略地位的重要性的讲解，让学生全面地了解山西，热爱山西，增强文化自信，传播优秀的民族文化，培养山西地方经济文化建设所需要的合格人才。

［本章总结］

本章介绍了山西的山水自然、人文景观和精神内涵之美，具体包括山西地理位置、地形地势、物产资源、饮食文化、非物质文化、具有代表性的自然和人文景观，并重点解析了山西的战略地位以及太行精神的形成及其内涵。

第二章

闪电耀亮：五四时期的启蒙号角

［教学目的与任务］

1. 理解高君宇革命事业的发展历程。
2. 了解高君宇与石评梅的爱情故事。

［重点与难点］

1. 当代大学生如何树立正确的事业观。
2. 当代大学生如何树立正确的爱情观。

［线上讲授内容］

太行精神是三晋儿女在中国共产党领导的新民主主义革命中所体现出的卓越精神力量，是支撑山西无产阶级革命运动的钢铁脊梁。本章的主人公，是一位从山西普通农家走出来的年轻革命者，也是太行精神早期代表人物之一，他就是高君宇。

1901 年的一天，在山西省娄烦县峰岭底村（原属静乐县）的一座山坡上，一群孩子拿着自制的小木枪、小木刀，玩着杀洋人、保中华的游戏，领头的是一个五岁左右的男孩子。别看他年纪不大，可村里人都说他是个“天胆子”。这不仅因为孩子的父亲是参加过义和团运动的高配天，在村里颇有威望；更是因为这个乳名尚德的孩子敢作敢为、聪明过人。乡亲们对这个孩子的称呼成了神预言，他长大后不仅孜孜求学，后来更投身于轰轰烈烈的革命之路，献身于中华民族救亡图存的大业。这个男孩就是高君宇。

第一节　从中学学霸到北大杰青

现在很流行讲“人设”，如果借用这个时髦的词来看求学时期的高君宇，那他绝对是妥妥的学霸人设，是各种奖项拿到手软的杰出青年。

一、“崇德敦行”的优秀学子

高君宇 1913 年 1 月 23 日考入山西省立第一中学校。这所学校原名为山西省立模范中学校，位于清朝时举行乡试的贡院旧址，北面是文瀛湖，南面是城墙，是当时山西省数一数二的名校。高君宇于 2 月 1 日正式入学。在这一年的期末考试中，作为班里年纪最小的学生，高君宇取得了优异的成绩。

1913 年 7 月，学校更名为山西省立第一中学校，招生规模也扩大至全省。当年暑假后，学校的学制和班级同时进行了调整，高君宇加入第七班。校长王骧虽然只有 30 岁，但他曾留学日本，将省立一中办得有声有色。该校的师资也是一流的，像国文老师常晓楼、王西池，英文老师仇曾治、朱海洲，还有历史老师赵宝城等，都是学养深厚、循循善诱的先生。其中，英文老师朱海洲先生，对高君宇特别关心。一次，校长王骧根据各位老师对学生们的考察评比，从全校挑选出 18 位拔尖的学生，以“十八学士登瀛洲”为题登在壁报上，并且为这 18 位学子各加评语。高君宇位列其中，写给他的评语是“崇德敦行”。

“二次革命”之后，中国政局形势堪忧，教育界也是死气沉沉。学校的课程安排以“读经”和“修身”为主。图书馆里所看到的全都是一些陈旧的书籍，或是《大盗孙文》《大盗黄兴》之类的小册子；课内外所听到的也都是《大学》《中庸》等古文古义，高君宇对此颇有异议。当历史教员赵宝城、英文教员朱海洲宣布了袁世凯卖国的消息后，高君宇和很多同学都流下了悲愤的泪水。大家积极筹款，把“二十一条”全文复印了多份并附上说明，走上街头散发。高君宇表现较为积极，捐款最多。1916 年 3 月的一天，在高君宇所在的省立一中的主导下，全太原的学生大会在劝工陈列所召开。会上，高君宇和爱国学生们一起慷慨陈词。1916 年暑期，高君宇从省立一中毕业，他原本想考山西大学，朱海洲先生劝他去北京大学。他听从了老师的建议。前往北京后，高君宇接触到了更多志同道合的有识之士，并逐渐成长为一代风云人物。

二、“求学之余，兼留意政治”

1916 年 9 月，高君宇考入北京大学理科预科甲班。就在高君宇入学后不久，12 月 26 日，蔡元培被正式任命为北京大学（简称“北大”）校长，随后在北大推行全面的整顿和改革。当时，山西籍学生考入北大理预科学习的很少，高君宇在学习物理时感到很吃力，在二年级的考试中成绩很不理想。可是他“立意深造，勤苦力学”，经过一个暑假的补习，顺利通过了预科三年级的考试，并升入理科本科学习。对外语的学习，他也很上心，这也为他日后更好地研究马克思主义和从事革命工作打下了坚实基础。总的来说，高君宇对待学习是非常认真的。他上课很少请假，在预科三年级第二学期，也就是1919年1—5月，根据《北京大学日刊》公布的理预科学生请假旷课表，高君宇（高尚德）只请过3个学时的假。这种勤奋努力、坚持不懈的精神值得我们学习。

高君宇并不是“两耳不闻窗外事”的书生。身处新文化运动的核心地带，高君宇浸润在各种新的思想潮流中，每日都会认真阅读《晨报》和《新青年》，时刻关心国家的命运和危亡。1918年5月，日本政府为了进一步控制中国，胁迫段祺瑞政府签订了卖国反苏的《中日共同防敌军事协定》。留日的中国学生知晓后，立即举行集会抗议。虽然遭到日本军警镇压，但学生们的爱国热情高涨，组织了“中华留日学生救国会”，积极联系国内学生一同斗争。北大学生积极响应。5月20日晚，高君宇参加了在北大西斋饭厅召开的群众大会，见到了以李达为首的留日学生代表。第二天，高君宇和邓中夏、许德珩等人组织了北京几所高校的2000多名学生前往总统府请愿。这场全国学生的第一次请愿活动，成为五四运动的一次预演。这次活动不仅锻炼了高君宇等年轻学子，更促成了“学生爱国会”（后改名“学生救国会”）的成立。

1918年10月22日，国民杂志社在北大成立，高君宇是其中一员，并在筹备出版《国民》杂志时慷慨解囊，解决了部分资金问题。在《国民》杂志的出版过程中，高君宇也起到很大作用。

这一时期，对高君宇的成长影响最大的事情，就是与李大钊的相识。李大钊是国民杂志社的导师，身边聚集了许多先进青年。高君宇就是其中之一。1918 年秋季之后，高君宇经常和邓中夏、黄日葵等同学在李大钊的办公室或家中聚会。他就是在那里了解到十月革命，接触到马克思主义的。可以说，李大钊是高君宇从进步青年向马克思主义者转变的精神导师。

三、"五四运动"的强力健将

1919 年 5 月 1 日凌晨，中国在巴黎和会上外交失败的消息传到了北大。北大上下十分震惊。当天下午，国民杂志社在西斋饭厅召开紧急会议，决定于 5 月 3 日晚在法科礼堂召开全体学生大会。会议如期举行，学生们群情激愤，决定第二天举行爱国大游行，并通电全国各省于"五七国耻纪念日"积极响应他们的这次游行活动。会议上，高君宇慷慨激昂，号召同学们起来斗争。在 5 月 4 日的游行中，他带头与同学们冲入曹汝霖内宅，在痛打章宗祥、火烧赵家楼的活动中，他都是骨干。游行之后，他又和李大钊一起不遗余力地日夜奔走，营救被捕学生。他还冒着被捕的危险，走上街头，派发传单，号召民众斗争。

由于在五四运动中表现出的热情和组织能力，5 月 16 日，高君宇被推举为北京大学学生代表出席北京学生联合会。在之后的革命风暴中，高君宇奔走呼号，却因操劳过度而呕血两次。即便身体出了问题，高君宇仍积极参加了当时北大的一些进步社团，例如新闻学研究会、新潮社、北大平民讲演团等。其中最重要的是他筹备了北大马克思学说研究会。

在李大钊的组织和推动下，1920 年 3 月，高君宇、邓中夏等人成立了北大马克思学说研究会。这个革命团体以学习、研究和传播马克思主义为己任，是我国最早研究和宣传马克思主义的团体之一。同时也为高君宇深入学习马克思主义提供了良好的条件。研究会的主要活动实绩，即建立了“亢慕义斋”，并通过各种途径收集了各种版本的马克思主义文献，总数达数百种。这在当时是非常可观的。研究会成员还分为若干小组，分散研究专题后聚在一起讨论，加上时常得到李大钊等学者的指点，因此对马克思主义原理的理解日益加深。高君宇作为研究会 19 名发起人之一，积极参加研究会的各项活动。白天学习、晚上与同学们讨论。这一时期，高君宇对马克思主义理论进行了系统的学习，这促使他的思想水平和对马克思主义的认识有了质的提升。

四、成为“历史使命的走卒”

1920 年 10 月，李大钊、邓中夏、张国焘、刘仁静、罗章龙等人在北京大学成立了北京共产党小组。受李大钊委托，高君宇积极筹备北京社会主义青年团的成立。1920 年 11 月，来自北京各学校的 40 名学生出席了北京社会主义青年团第一次大会。在这次会议上，作为北京马克思主义党团组织的奠基人，高君宇被推举为书记，由此成为北京社会主义青年团的第一任书记。在团的建设中，高君宇发挥了很大作用。到 1921 年 3 月，北京的团员已经达55人。据张国焘回忆，1920年11月，党小组决定邀请社会主义青年团中的重要分子加入，以补充无政府主义者退出党小组后的空额。邓中夏、高尚德（高君宇）、何孟雄、缪伯英、吴汝明等9人就是在这时加入的。加入北京共产党小组是高君宇转向共产主义的重要一步。在中国共产党成立前，北京共产党小组成员有16人，高君宇是中国共产党早期党员之一。

高君宇成长很快，党小组委派他和邓中夏深入工人当中，提高工人的文化水平和阶级觉悟。1921年1月1日，长辛店劳动补习学校成立。这是党开展工人运动的起点之一，高君宇是这所学校的主要教师，带领团员积极开展面向工人的宣传和组织工作。1921年底，高君宇以北京大学学生联合会代表的身份加入了中国代表团，出席了于1922年1月在莫斯科召开的共产国际远东各国共产党及民族革命团体第一次代表大会。回国后，高君宇在学习之余继续为革命事业奔走，直到1922年7月留在北大担任助教。

第二节　从优秀儿女到开路先锋

1919年6月，高君宇以北京大学学生会主要负责人的身份回到太原，与王振翼、贺凯、李毓棠等省立一中的学生畅谈马克思主义和革命人生观，并积极筹备太原社会主义青年团的成立。同年8月，山西第一家大规模传播新思想和新文化的共产主义启蒙刊物《平民》周刊创刊。刊物由王振翼担任主编，宗旨是“为人民奋斗”，目的在于展示山西的现状于社会各阶层，以警示众人。高君宇深入太原和大同等地调查劳动状况，并在《新青年》上发表了《山西劳动状况》一文。

暑假逗留家乡期间，高君宇积极推动太原革命组织的建立。在他的指导下，太原的进步青年成立了以王振翼为组长的青年小组，积极学习马克思主义、宣传社会主义、批判反马克思主义。1921 年春，李大钊派遣时任北京社会主义青年团书记和组织委员的高君宇回山西筹建太原社会主义青年团。1921 年 5 月 1 日，太原社会主义青年团在省立一中正式成立，山西的进步青年终于拥有了属于自己的革命组织。

太原社会主义青年团的影响力很快覆盖全省，高君宇推荐进步青年中较早转向马克思主义并加入北京大学马克思主义学说研究会的王振翼担任负责人。贺昌、李毓棠、贺凯、梁震、武灵初、姚金享、张法古（张稼夫）等一大批进步青年加入了青年团。高君宇指导革命青年确立马克思主义世界观，抛弃无政府主义等驳杂思潮。青年团聚集了很多精英，并且树立了“唤醒劳工，改造社会”的宗旨。5 月 15 日，太原社会主义青年团举行会议制定了章程。此时正逢五四运动两周年纪念，青年团成员在全市范围内发放《共产党宣言》和革命传单，震动全城，对全省也产生了巨大影响。

1924 年国共合作达成，受李大钊和北方区委的委托，高君宇再次回到太原，其任务之一便是利用他与苗培成、韩克温、梁永泰等太原国民党负责人同为北大学子的关系，筹划山西的国共合作。他的另外一个任务，就是在太原建立党组织。这是适应国共合作新形势的重要工作，高君宇一回到太原，便联络李毓棠、侯士敏、潘泽卿到省立一中校内谈话。高君宇亲自介绍他们三人入党，随即成立了山西最早的党小组。这也标志着山西地方党组织的诞生，意味着山西成为继京、津、冀、黑、鲁、豫之后，北方地区第七个建党的省份。党小组逐渐发展壮大，同年秋天，中共北方区委批准建立中共太原支部，第一任支部书记是张叔平。高君宇不仅一手促成了山西共产主义党团组织的建立，还在精神层面发挥了积极引领作用。根据彭真同志的回忆，高君宇曾与太原支部的同志们分享“旅莫支部”的记录，带给大家很大的影响。彭真同志评价高君宇是山西共产主义运动的启蒙人。考察山西马克思主义党团组织建立的过程，可以发现这是相当中肯的评价。

图 2–1　油画：高君宇建立太原党小组

图片来源：https://new.qq.com/rain/a/20200902A077GU00

第三节　从心灵相通到生死相依

一、同乡聚会上的初次相识

高君宇和石评梅是在一次山西同乡会上相识的。但在平定老家时，石评梅就曾听父亲提过高君宇，说他年少有为。那天同乡会上，高君宇带了一本《新青年》供大家阅读。一个二十多岁的人，看起来既沉稳又温和，身上似乎有一种令人信服的力量。他听说石评梅是他敬仰的石鼎承先生的女儿，便很高兴地走过去与她交谈："我拜读过你发表在《晨报副刊》上的诗，还有一个话剧《这是谁之罪》。当时我还不知道这位评梅女士是我的同乡，更不知道她还是我老师的女儿呢。"听罢，评梅不好意思地红了脸，她微笑着说："那个剧本是两个晚上匆匆赶出来应急的，不当之处自然是很多的。"高君宇说，"现在我也在编辑一种刊物，评梅女士是否也愿意为我们写点诗呀？"高君宇给石评梅留下了地址和电话，后来又到学校看望过她几次。石评梅起初没有投稿，也不知该写些什么。据高君宇的意思，他想要她写一些反映平民生活的东西。后来，石评梅就把暑假旅游时参观汉阳兵工厂的所见写成稿子寄给了高君宇。高君宇的回信令石评梅感受到了从来不曾有过的安怡。她把信从头到尾看了又看，内心涌起了一种想更深入了解高君宇的愿望。过了一段时间，恰好高君宇发出了同去西山赏枫叶的邀请，于是石评梅便立即回信，欣然应允。

二、西山之行后的逐渐相知

扫描下方二维码
了解更多三晋故事

西山之行，高君宇关怀地询问起石评梅教育工作做得如何。石评梅笑着说：“我觉得我的那些学生可爱得很，和她们在一起令人快乐，只是我初出茅庐，不知怎样才能把她们教好。”高君宇鼓励她说：“任何工作开始都有点困难，只要你明白为什么要去做它，就一定会做好的。我介绍你看看《爱的教育》这本书，看完了你会更爱教育工作了。”“这方面你还得多教教我，你懂得比我多，阅历也比我广。”“我也不比你强多少，只不过早出来几年罢了。我也教过书，但不是在正规的学校里，那些方法可能对你也不适用……我教过工人和他们的孩子们。我们的宗旨是‘增进平民知识，唤起平民自觉心’，”“你们讲的大道理他们能接受吗？”“我们不讲大道理，我们深入浅出地讲，效果非常好。譬如有一次我教他们认识‘劳工神圣’四个字。我向他们解释‘劳动最伟大、最光荣’，但他们却说，穷工人有什么伟大的。我说：‘工人修铁路，开火车，织布，盖房子，没有工人，谁能活得了？这难道不伟大吗？’工人们都点头同意。”

高君宇说着，用探寻的眼光看着石评梅。讲出这番话的时候，他已经是一个坚定的共产党员了，还代表中国共产党出席了在莫斯科举行的远东各国共产党和民族革命团体第一次代表大会，并受到列宁的接见；在上海召开的党的第二次代表大会上，高君宇又当选为中央委员。这些，他都暂时未向石评梅提起。

高君宇见石评梅不说话，便问："怎么，你觉得我这个人很怪吗？""不，我觉得你……很了不起。"高君宇笑了，说："我有什么了不起的，我不过在茫茫黑夜中摸索着前进，是十月革命这片惊秋的桐叶惊醒了我，所以我上次在信中对你说，我们这个世界应当换过了，我决心来担这个责任。但'改造'世界不是一个人能办到的，参加的人越多越好，尤其需要象你这样敢于和环境斗争的的女青年。"石评梅惊讶地看着高君宇不吭声。高君宇又说："象你这样能摆脱环境束缚，出来求学的女子，现在是不得多得的。比起来，令尊要比家父开明多了。我是一个男孩子，我们家也不肯放我出来呢。他们非逼着我结了婚，才肯让我出来读书。可惜我当时不懂事，只一心为了外出读书，就胡乱答应了。""哦，那么，你已经结婚了？"石评梅感到十分意外。"是的，我在17岁那年就结婚了，婚后第四天我就外出。我真后悔我当时太软弱，这样不但自己遭了不幸，还害了别人。后来我曾多次写信回家请求父亲放了那个可怜的姑娘，让她回娘家去。但是，这哪是能轻易就办到的事呢……唉，在今日之中国，……有多少人就这样被断送了！"石评梅听着，向高君宇投去惋惜与同情的目光。

这天晚上，石评梅翻来覆去难以成眠，想象着高君宇的妻子会是什么样子。西山游玩之后，高君宇一直没有来看石评梅。一来是忙，二来也有其他原因。自同乡会与石评梅相识，两年来的接触中，高君宇逐渐对石评梅有所了解，并且越来越愿意与她接近、交往。但他知道自己已不是自由之身，系于父亲铁锁之下，所以只好强压着自己的情绪不去看她。

可终于有一天，他还是情不自禁地将真心之幕揭起。1923年秋天的一个晚上，石评梅正在灯下翻读着一本《莫愁湖志》，有人送来一封信，看笔迹是高君宇写来的。她拆开信封一看，却是一张白纸，拿到手里，里面飘落出一片红叶，上面写着两行字：满山秋色关不住，一片红叶寄相思。平静的心潮，悄悄被夜风吹皱了。面对这突然而至的红叶，她竟不知如何是好。她想到他们在同乡会上的初相见，想到高君宇在城南公园那慷慨激昂的演说，更想到游西山时他真诚而亲切的话语。但是，她更忘不了听到高君宇说他已婚时自己内心的震动。又是一个结过婚的人。

原来，石评梅之前来北京考试时，住在父亲的一个老友家中。这位老先生考虑石评梅初来乍到，人生地不熟，就拜托一位熟人武英夫帮忙照顾她。武英夫是北大高年级学生，虽然还没毕业，但他已经在外交部谋了一个挂名的小官。他对古诗比较擅长，在报上发表过一些诗作。石评梅考试那些天，武英夫在各方面都给予她帮助指点。开学以后，他们除了互相通信，武英夫还邀请石评梅一起喝茶、散步、滑冰、谈论诗歌。两人的感情不断升温，自此，在石评梅纯洁的少女心上，印上了一位男子的形象。但在武英夫大学即将毕业时，他约石评梅到中山公园见面，才说出自己已婚，还有两个孩子的事实。石评梅一下子像是从半空摔到了地上，心灵遭受了极大的创痛。这个惨痛的教训让石评梅决定，今后再也不能轻易把感情交付给别人。这次，看到高君宇寄来的红叶，石评梅的心战栗了，泪水模糊了双眼。她望着窗外皎洁的月色沉思了许久，终于在红叶的背面写下了这样几个字：枯萎的花篮不敢承受这鲜红的叶儿。然后，用原来那张白纸包好寄还给了高君宇。

三、革命风雨里的守望相恋

这一次，曾经被情所伤、抱定独身主义的石评梅拒绝了高君宇，但两个人的感情并没有中断。1924 年 4 月，石评梅生病了，高热不退，医生说是猩红热。她一连几天头疼、吐血。一天下午，她从昏迷中醒来，睁眼一看，只见床边一团散乱的头发，原来是高君宇跪在她的床前，把头垂在床沿，双手握住她的手，热泪已经濡湿了她的手背。见此情景，石评梅心生无限感伤，想到高君宇的命运那么悲惨，却偏要给她一颗她所不能承受的心。她轻轻扶起高君宇的头说："你不要难受，我不会这么容易就死去的。"在石评梅病重的两周里，高君宇尽量抽空来照看她，为她读诗。石评梅很是不忍，对高君宇说："我知道，你在从事着一种伟大的事业。你是那么善良，但又那么神秘……你本来就又忙又累，这十多天来我又给你添了不少麻烦，我真怕把你累坏了。""这哪里就累坏了，我累的时候你还没看见呢。你看，我现在不是很好吗？"高君宇一边说着，一边向她打了一个立正。石评梅高兴地笑了，回说："是什么力量支撑着你，使你老有使不完的劲儿。跟你在一起，病都好得快些的。"

1924 年 5 月的一天，晚饭后，窗外突然刮起了狂风，接着豆大的雨点落下来。石评梅很担心高君宇，在这狂风暴雨的晚上，也不知他到哪儿去了。八点半钟，她忽然听到门外传来沉重的脚步声，接着推门进来一个身着军装的男子，披着斗篷、蓄着胡子。石评梅仔细一看，才认出是高君宇，石评梅惊奇地问他为什么装扮成这样子，而且在狂风暴雨中这样跑来。高君宇一边脱下斗篷一边说："评梅，我要暂时离开你一些时候。""你要上哪儿去？"石评梅问。高君宇先让石评梅坐下来，然后自己也坐下说："去广州，到那里参加一个重要会议。""现在我都告诉你吧，我早就是一个共产党员了，并且是党的中央委员，我们领导'二七'大罢工的事，被军阀头子查出来了，指名要抓我们。昨天在杏坛已捕去几个人，现在军警已包围了我的住处，我是冒了特大的危险化了装来向你告别的，我要乘今夜十一点半的火车离开北京。"听到这突如其来的消息，石评梅的脸一下变得苍白了。高君宇见她这样，便镇定地说："评梅，你不要耽心，我是不怕坐牢的，要是怕的话，也就不干这种事业了。"为了缓和气氛，高君宇站起来倒了两杯水，一杯递给石评梅，一杯留给自己。石评梅接过水杯低着头轻声说："我没想到你走得这么突然。""因为你病着，不到万不得已时，我不愿告诉你这些事。"高君宇说着，从口袋里拿出两小瓶药和一张药单子递给石评梅："这药我前几天就配好了，总是不得空送来……我走后，你千万要自己多保重。"高君宇停顿了一下，接着又低垂着眼睛轻声说："我想乘此机会顺道回家看看，并且彻底解决一下自己的婚姻纠葛。"他抬头看看石评梅，只见她紧咬嘴唇，泪水已掉落在手中的药单上。每当高君宇想向她说点儿心里话时，石评梅总是这样紧咬嘴唇回避着。今夜高君宇的万语千言，又在石评梅的沉默中退却了。高君宇看了眼自己的手表，便起身告辞。窗外响起一阵闷雷，石评梅挽留高君宇再多坐一会儿。“雨再大，也得走，车是不等人的。”高君宇说着，从日记本里抽出一张纸，写下“Bovia”递给石评梅：“这个名字我最爱，所以赠给你，愿你永远保存着它。”他接过石评梅手中的斗篷，握着她的手说：“放心，风雨之后会有美好的晴天的。”晚上九点半，高君宇快步走向门外，石评梅追到门边，目送着他颀长的身影消失在无边的夜雨中。

这年七月中旬，石评梅在平定家中收到高君宇一封长达 20 页的信，信中，他向她说了自己离婚的事。石评梅看后写信谴责了高君宇的行为。对此，高君宇不以为然。他认为青年应该是爽直的，把忠实的话说出口，要比粉饰着装在心里强得多。高君宇的思想是十分明确的，他是一个封建社会的叛逆者，他的奋斗目标是摧毁这个“吮血”的社会，他认为自己有权冲破别人强加给他的枷锁，他和石评梅的爱情是光明正大的，面对旁人的种种流言，他无所畏惧。他衷心地爱着石评梅，他盼望石评梅理解他和他的事业。而石评梅呢，她尊敬高君宇、依恋高君宇，但她一直在回避、躲闪自己的真实感受。她既是封建礼教的反抗者，同时又是世俗的“人言可畏”面前的弱者。在她心中，高君宇是一位了不起的英雄，但真要她与他并肩战斗，她似乎还缺少一份勇气，也不习惯于那种不安定的生活。在写给高君宇的回信中，石评梅充满着这种矛盾心情。高君宇爱她、理解她、同情她，每封来信都充满对她的关怀和鼓励。9 月 22 日，高君宇由上海去广州，他在船上写信给石评梅，信中说：“我是有两个世界的：一个世界一切都是属于你的，我是连灵魂都永禁的俘虏；在另一个世界里，我是不属于你，更不属于我自己，我只是历史使命的走卒……我何尝不知道：我是南北漂零，生活在风波之中，我何忍使你同入此不安之状态。所以我决定：你的所愿，我将赴汤蹈火以求之，你的所不愿，我将赴汤蹈火以阻之。不能这样，我怎能说是爱你！”

图 2-2 高君宇与石评梅

图片来源：https://www.sohu.com/a/333662874_539467

1925年3月初，本就积劳成疾的高君宇又突发急性阑尾炎，石评梅立刻前去探望。3月4日下午，高君宇病情加重，被送往协和医院做手术。他让石评梅暂时不要前去探望，担心她看到了会难过。但石评梅始终惦记着他。在《肠断心碎泪成冰》中，她沉痛地写道："心更慌了……睡也睡不着，这时候我忽然热烈地想去看他，见了他我告诉他我知道忏悔了，只要他能不死，我什么都可以牺牲。"可以看出，石评梅已经准备好接受高君宇的心意。然而造化弄人，高君宇在3月6日凌晨不幸逝世，时年29岁。当石评梅听到这一噩耗，她意识到自己永远失去了一个可爱可敬的朋友和恋人时，悲恸地昏了过去。苏醒后，石评梅请朋友陪她前往高君宇的住处，将自己写给高君宇的书信悉数带走，同时还看到了高君宇留给她的一封信。随后，她前往医院参加高君宇的遗体告别仪式，并在高君宇身旁放下自己的一张照片。当晚，她与高君宇的亲友一起护送棺木至宣武门外的法华寺。3月28日，在北京大学旧址法学院礼堂，北京党团组织举行了高君宇追悼会，会场正中悬挂着石评梅抄录的高君宇所作的诗句。高君宇逝世两个月后，亲友遵照他的遗愿，把他葬在了陶然亭西南角芦苇塘的一块草地下。

石评梅亲笔写下了后来刻在高君宇墓碑上的坚贞不渝的誓言："君宇！我无力挽住你迅忽如彗星之生命，我只有把剩下的泪流到你坟头，直到我不能来看你的时候。"石评梅还将高君宇生前自题相片的那首诗，用较大字体，写好刻在她的誓言前面，"我是宝剑，我是火花。我愿生如闪电之耀亮，我愿死如彗星之迅忽"。

1928年9月18日，石评梅突然开始发烧，头痛难忍。20日，庐隐等朋友把她从和平门内西栓马桩八号的住处送到西单旧刑部街山本医院。22日，她出现昏迷症状。第二天转到协和医院，确诊为脑膜炎。30日，石评梅也与世长辞，年仅26岁。1929年10月2日，遵照石评梅的遗愿，亲友们把她葬在高君宇墓的右侧，两块墓碑的形式都基本相同。

北京解放后，周总理曾到陶然亭凭吊高君宇墓。1965年3月，他审阅北京城市规划总图时，强调陶然亭中高君宇和石评梅的坟墓应该保留。他说："革命与恋爱没有矛盾，留着它对青年人也有教育。"邓颖超同志也有同样看法，她在为《石评梅作品集》所写的"后志"中说："北京解放后，我也曾与一些同志和青年一代几度到陶然亭，凭吊高、石合葬的墓碑，我向同行的人们讲述了高、石的爱情和革命事迹。由于对高、石两人的仰慕和同情，缅怀之思，至今犹存。"

高君宇英年早逝令人遗憾，但他短暂的生命却是丰盈且充实的。他志存高远，没有将出众的才华用来谋求个人的飞黄腾达，而是把个人的前途与民族的命运紧紧联系在一起，在寻求民族前途的过程中实现生命的价值。他执着笃定，对自己的选择和信仰始终如一，他不辞辛劳、四处奔波的强大精神力量正来源于此。同时，他也是一个有情有爱的浪漫青年。他与石评梅的爱情，虽然没有花前月下的浪漫，但双方用真诚的心，勇敢地爱着对方。在那个动荡飘摇的时代，他们彼此鼓励、互相温暖。尽管最终没有成为正式的恋人，这份革命中的爱情却足够纯粹、积极。可以说，高君宇是"五四"青年一代中的佼佼者，他身上体现出的，不是于连式的个人奋斗，也不仅仅是克里斯朵夫式的精神完善，而是在时代中磨砺出的信仰之光！

［线上作业布置］

1. 概述高君宇的革命活动。
2. 结合高君宇与石评梅的爱情故事，谈谈你的爱情观。
3. 评价高君宇的一生。

［线下翻转课堂］

1. 结合学生线上提问及作业完成情况，进一步讲解本章重难点内容。

2. 结合高君宇的革命活动及其与石评梅的爱情故事，以“事业与爱情”为主题，展开表演与讨论。

［课后作业］

1. 完成线上答题与章节测试题目。

2. 结合见面课的讨论，进一步思考当代大学生应如何正确对待事业与爱情。

［课程思政要点］

本章所涉及的思政元素主要体现在引导学生树立正确的事业观与爱情观。

［本章总结］

本章介绍了高君宇作为一位从山西普通农家走出来的年轻

革命者，在五四运动的浪潮中，如何成长为一名早期的中国共产党员。高君宇刻苦求学，关注时事，积极投身革命运动；他对于家乡革命事业的发展倾注了大量心血；他与石评梅的爱情未能开花结果，但二人却生死相随。本章通过回顾高君宇短暂光辉的一生，引导学生深入体会早已被高君宇融入血脉的太行精神。

第三章

重塑风流：红军东征的战略抉择

[教学目的与任务]

1. 了解红军东征的原因。

2. 理解红军东征的战略抉择。

3. 掌握红军东征的意义。

[重点与难点]

1. 红军东征的战略抉择。

2. 人生十字路口的抉择。

[线上讲授内容]

1921 年中国共产党建党后，经历了第一次国共合作，在国共合作失败且关系破裂后，进入土地革命战争时期，以毛泽东为代表的中国共产党人提出了“农村包围城市，武装夺取政权”的革命道路。在面对危亡时，中国共产党进行了审慎、关键而又正确的抉择，缔造了时代的风流人物。

第一节　雄视千古，今朝风流

1936 年 2 月 6 日，毛泽东指挥红军东渡黄河开赴山西抗日前线时，天降大雪，尚处于早春时节的中国正面临着生死攸关的历史转折时期。中国共产党何去何从？中华民族将如何生存？毛泽东思考着这些问题。他身披蓝布大衣，踏着洁白晶亮的积雪，亲临黄河岸边，当毛泽东攀上一座高原时，即刻被银装素裹的雪景吸引。远望，是隆起的冰雪覆盖的高原；再往远望，是隐约的万里长城；俯首观望，是滔滔黄河水。

作为站立在历史转折点的一代风流人物，毛泽东怎能不思绪万千；作为文采飞扬的一代诗人词人，他又怎能不激情澎湃、诗兴盎然。于是，一首雄视千古、气壮山河的《沁园春·雪》便形成：

北国风光，千里冰封，万里雪飘。
望长城内外，惟余莽莽；大河上下，顿失滔滔。
山舞银蛇，原驰蜡象，欲与天公试比高。
须晴日，看红装素裹，分外妖娆。
江山如此多娇，引无数英雄竞折腰。
惜秦皇汉武，略输文采；唐宗宋祖，稍逊风骚。
一代天骄，成吉思汗，只识弯弓射大雕。
俱往矣，数风流人物，还看今朝。

全词描写的是北方雪天的壮丽景观，大气磅礴、旷达豪迈。抒发出强烈的民族自豪感和民族自信心，寄寓着雄壮的革命理想。

“北国风光，千里冰封，万里雪飘。”

扫描下方二维码
了解更多三晋故事

起笔不凡地进入了一个冰天雪地、广袤无垠的银色世界。天地茫茫，纯然一色，气魄非常宏大。“望长城内外”，“望”字统领下文，“望”字之下，展现了长城、黄河、山脉、高原这些景物和意象。“长城”“大河”“江山”，这又意味着什么？这是中华民族的象征，是表现中华民族的意象。黄河是中华民族的发祥地，长城是中华民族团结御侮的象征。以此唤起民众热爱疆土、保卫祖国锦绣河山的豪情和历史使命感。

上阕描写完景物，下阕转入议论，“江山如此多娇，引无数英雄竞折腰”，承上启下。祖国的河山如此壮丽美好，才会引得历代的无数英雄竞相“折腰”。秦皇、汉武、唐宗、宋祖、成吉思汗，词中提到的这几位人物，都是历史上功业煊赫的封建帝王，也是历史上众多英雄中的佼佼者，可谓历代的风流人物。

山西被誉为“华夏文明的摇篮”，拥有着悠久辉煌的历史，美丽富饶的表里山河。山西造就了一批风流人物，其中，有一代帝王尧、晋文公重耳、中国历史上女皇帝武则天；有春秋时期辅佐晋文公的著名政治家、思想家介子推，战国时期的荀子，唐朝著名宰相狄仁杰，北宋的司马光，明清之际的傅山；有西汉大将军卫青、霍去病，东汉末年蜀国名将关羽；还有众多文学家，例如王维、柳宗元、白居易、关汉卿、罗贯中等。他们都与词中的风流人物一样，分布在各个历史时期，在不同领域和层面上，作出了卓越贡献并影响了时代的发展。

然而，词中对历代的封建皇帝进行了饱含惋惜且措辞贴切的批判。用一句“俱往矣，数风流人物，还看今朝”点题。随着历史不断的发展，不论是封建统治阶级的帝王将相，还是开国皇帝，或射过大雕的英雄人物，都已成为历史。“今朝”是一个新的时代，新的时代需要新的风流人物来引领。“今朝”的风流人物也将不负历史的使命。这是中国共产党人的自信和气魄。词中今朝的风流人物，不仅指中国共产党人，而且指千千万万的人民群众。人民群众是真正的英雄，《沁园春·雪》传达出的人民意识正在于此。这也是毛泽东领导红军进行东征的目的。现在看来，我们党之所以能够成功，就在于“唤起工农千百万”，就在于我们党自诞生之日起，始终是为了人民、依靠人民、根植于人民。

毛泽东 1935 年 12 月在陕北瓦窑堡党的活动分子会议上所作的《论反对日本帝国主义的策略》的报告中指出，“我们中华民族有同自己的敌人血战到底的气概，有在自力更生的基础上光复旧物的决心，有自立于世界民族之林的能力”，这段气壮山河的文字可看作毛泽东对中华民族精神的重铸与升华。而《沁园春·雪》则是对这种精神的诗意表达。

为实现中华民族伟大复兴，实现民族独立、人民解放、国家统一、社会稳定，中国共产党团结带领人民在担负使命、寻找道路、浴血奋战中，进行着一次次战略抉择。那时，他们身上已闪现出大无畏的勇气、决胜的自信和智慧的光芒，面对当时复杂的情形，中国共产党及普通民众都做出了哪些选择？

第二节　战略突围，东征抉择

一、红军东征的选择

在人生的道路上，我们都会面临很多大大小小的选择。“舍生而取义”是孟子的选择；“人固有一死，或重于泰山，或轻于鸿毛”是司马迁的选择；“面朝大海春暖花开”是海子的选择；“人不是生来被打败的”是海明威的选择……

从 1934 年 10 月开始，中国共产党领导红军历时两年时间，纵横 10 余省，同敌人进行了 600 余次战役战斗，跨越近百条江河，攀越 40 余座高山险峰，穿越了被称为“死亡陷阱”的茫茫草地，长驱二万五千里，以非凡的智慧和大无畏的英雄气概，胜利落脚陕北吴起镇，1936 年 10 月，三大主力红军会师陕甘，从而宣告了长征的胜利结束。

中共中央和中央军委虽然率领陕甘苏区军民站稳了脚跟，创造了开展革命新局面的条件，但陕甘苏区这个大本营面临的局势还很严峻：一方面，红一方面军只有 1 万余人，苏区面积狭小、人口稀少、经济落后，粮食和工业品缺乏，红军给养困难，扩军很不容易。另一方面，国民党重新调集陕、甘、宁、绥、晋五省军队对陕甘苏区进行“围剿”，并加紧实行经济封锁和政治破坏。

面对这样的情况，红军和苏区会有什么样的选择？他们的出路何在？

1935 年 11 月 30 日，毛泽东在红一方面军营以上干部大会上做题为“直罗战役同目前的形势与任务”的报告。报告指出：“从现时起用极大努力争取与积蓄更加充足的力量，迎接敌人新的大举进攻而彻底粉碎之。开辟我们的苏区到晋、陕、甘、绥、宁五个省份去，完成与外蒙及苏联打成一片的任务。”报告中蕴藏了带领红军东征山西的计划。

不少饱尝丧失根据地之苦的同志，对此有过不同的意见：有的主张红军要以巩固陕甘苏区为主，逐步向渭水以北发展，寻求与国民党中央军和东北军、第十七路军作战；有的主张往西，向宁夏求得发展；有的主张立即北出五原、包头，与日军争先机，并可打通与苏联的联系，取得国际支援。

但毛泽东主张红军应当乘全国抗日处于高潮时期，东渡黄河向山西发展，在发展中求得苏区的巩固。他的分析是：东渡黄河进入山西作战，可进一步北进绥远或东进河北，争取对日直接作战，把国内革命战争同民族抗日战争结合起来，推动华北乃至全国的抗日运动新高潮；同时，又可避免同东北军、第十七路军对峙，有利于同他们建立抗日民族统一战线；还可威胁阎锡山的老巢，迫使其把入陕的晋绥军调回山西，用以缓解对陕甘苏区的军事压力；再加上山西人口稠密、物产丰富，便于红军扩大兵员，解决给养，建立抗日根据地。

1935 年 12 月 17 日，瓦窑堡会议最终接受了毛泽东的主张，确立了红军发展的主要战略方向。但实际上，不少人对东征山西是否妥当仍心存疑虑，为此，毛泽东曾在不同场合多次阐述：为了保卫陕甘根据地，红军东征是“以发展求巩固”的唯一抉择。他还特别强调：“山西的经营是必不可少的。”

从东征酝酿到实施行动，都有过不同意见的探讨甚至争论，中国共产党在广泛地虚心地听取了各方意见的基础上，最后形成了团结一致共同对敌的局面。

1936 年 2 月 18 日，红一方面军下达了东征作战的命令。2 月 20 日，红一方面军第一、第十五军团在毛泽东、彭德怀的指挥下，从南起河口北至沟口 100 余里地段同时渡过黄河，开始了东征作战。

图 3-1　红军东渡黄河（作者团队拍摄于东征纪念馆）

东征历时 75 天，共消灭敌人约 7 个团，俘敌 4000 余人，缴获各种枪支 4000 余支，炮 20 余门。扩大新兵 8000 余人，筹款 30 余万，征集大量物资，并在山西 20 多个县开展了群众工作，宣传党的抗日主张，扩大了我党、我军的政治影响，推动了抗日民族统一战线和华北、全国抗日救亡运动的发展。

80 多年后的今天，我们回过头来看，红军的这次东征是中国革命由国内战争转向民族解放战争的重要拐点。面对日本帝国主义对中华大地的蚕食鲸吞，以及国民党政府对陕甘苏区的大举进犯，共产党人再次展现出他们开阔的胸怀、成熟的政治智慧和过人的军事胆识。这次抉择是中央红军与陕北红军会师后，挟百战余威主动实施绝地反击的英明之举。

二、船工任永忠的选择

“密云遮星光，万山乱纵横，黄河上渡过民族英雄们，摩拳擦掌杀气高，我们铁的红军……红旗山西飘，同胞齐欢迎，卖国贼阴谋挨了当头棒，抗日救国大家来，工农商学兵。”东征期间，时任中国人民红军抗日先锋军（红军于 1936 年 3 月 10 日正式改为中国人民红军抗日先锋军）政治部宣传部部长的陆定一，面对士气高昂的东征红军将士，按捺不住胜利的喜悦，在山西石楼城下的孟家塌村写下了这首脍炙人口的《红军东征歌》。这首战歌气势雄壮、歌词铿锵，陕北曲调悦耳动听。红军东征正值寒冬，大多将士只穿着单薄的外衣和破旧的麻鞋，面对艰难的生存状况和残酷的战斗生活，一首《红军东征歌》的广泛传唱，鼓舞着红军将士的高昂斗志，同时也深深感染了帮助红军渡河的船工队伍和当地百姓。

1936 年 2 月 20 日晚 8 时，东征红军开始渡河作战。老船工任永忠撑的船较大，一次能载百余人。他冒着生命危险，多次往返运送红军。当时寒冬未逝，又是夜间，黄河上的冰凌块很大，增大了渡河难度和危险性。所幸有任永忠、白汝耀、许茂

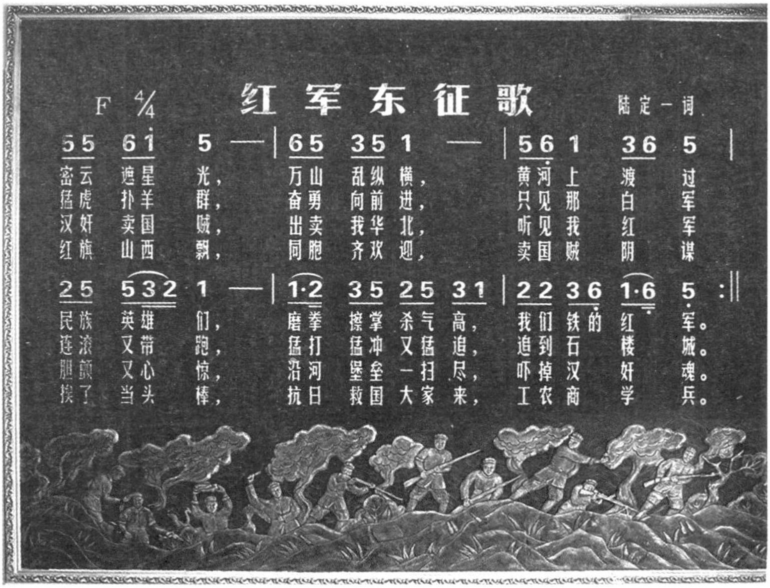

图 3-2　红军东征歌

图片来源：https://www.sohu.com/a/115867955_395110

前、乔永生等老船工们，才保证了红军战士安全渡河。上岸后的红军迅速向敌人发起进攻，打开缺口。送红军过河后，任永忠又送儿女参加了红军；后来自己把船卖掉，到陕西神木县参加了革命。

作为一名普通的船工，任永忠在严寒之夜冒着生命危险摆渡红军过河，这已是一种艰难的选择。不仅如此，他还能在事后送儿女参加红军、卖掉船只、自己参加革命，这是对党、对红军的充分信任，对信仰义无反顾的选择。

图 3–3 为红军摆渡的老船工许茂前（左）和乔永生（右）（作者团队拍摄于东征纪念馆）

三、刘志丹及其家人的选择

“正月里来是新年，陕北出了个刘志丹，他带上队伍上横山，一心要共产……”这首陕北信天游中提到的刘志丹，是西北红军和西北革命根据地的主要创建人之一。刘志丹，原名刘景桂，参加革命后，他取文天祥的“留取丹心照汗青”，改名为刘志丹。黄埔军校毕业的刘志丹，在大革命失败后，回到家乡陕北，组织起义暴动，在他的领导下，西北革命根据地不断发展壮大，在 20 多个县建立起工农民主政权。1935 年 10 月 19 日，中央红军到达了当时这块硕果仅存的根据地，最终成为中共中央和各路北上抗日红军长征之后的落脚点。

1936 年 1 月，党中央为了打通抗日战线，巩固扩大现有苏区，决定东渡黄河向山西发展，任命刘志丹为红军东征北路军总指挥兼 28 军军长。虽是一军之长，但是他作风民主、待人平等，关心群众疾苦，尽力为群众排忧解难，深受官兵和群众拥戴。红军战士和老乡们都亲切地叫他“老刘”。刘志丹在外闹革命，他的妻子同桂荣就留在家里照顾从陕北各地来老刘家的战友和老乡，成为刘志丹革命的好助手。

率军东征山西前，他对妻子同桂荣和 6 岁的小女儿刘力贞一番叮嘱：

我要生而益民，死而谢民。这一次上前线，是再去为我的信念而奋斗，又一次表白我对国家、对人民、对党的忠诚。为救国救民，我可以献出一切，这一去时间可能很长，战斗也一定很残酷的。过去我对你和孩子关心得不够，你要谅解。

图 3-4 东征的刘志丹（陕甘边革命根据地照金纪念馆）

图片来源：http://www.gsjw.gov.cn/contents/34163.html

刘志丹饱含着于国的坚定和于家的歉疚出发，来到了山西。1936年4月13日晚，刘志丹所率领的红28军东征部队，在山西省中阳县三交镇附近与军阀阎锡山的部队展开了激战。三交镇位于中阳、柳林、离石三县的交汇处，地势险要、易守难攻，历来为兵家征战之地。这里西临黄河，河西就是西北根据地绥德。三交镇周围没有坚固工事，反而有一个团的敌人防守。刘志丹为打好这一仗，昼夜不眠，亲自观察地形，仔细研究敌情，严密部署战斗。4月14日在围攻下三交镇的战斗中，刘志丹一直在军部指挥所里紧张地指挥战斗，由于过度疲劳，眼里充满了血丝，同志们劝他休息一会儿，他怎么也不肯。当他得知一团攻击不太顺利时，便立即和政委宋任穷商议，让宋政委留在军指挥所掌握全面情况，他到一团和指战员一起研究突破敌军的方案。在团阵地，他指出："这次战斗与河东整个红军的安危有关，要号召每个共产党员拿出最顽强的毅力，狠狠打击敌人，争取战斗的胜利。"当日午后，正当他在前沿阵地观察敌情，指挥战士向敌人发起冲锋时，不幸左胸中弹，英勇牺牲，年仅33岁。

妻女再也盼不到刘志丹回家，老百姓们永远地失去了他们的"老刘"。刘志丹牺牲7年后，1943年，中共中央为刘志丹举行移灵仪式和万人公祭大会。从黄河边到瓦窑堡，老百姓用黄土地最高的礼仪，跪送不朽的英雄。毛泽东为刘志丹亲笔题词"群众领袖，民族英雄"。周恩来题词"上下五千年，英雄万万千，人民的英雄，要数刘志丹"。这都代表了党和人民对刘志丹光辉一生的崇高评价。美国著名记者斯诺曾到陕甘宁边区采访，了解普通百姓心中的刘志丹，他称赞道："刘志丹是现代侠盗罗宾汉，对有钱人怀有山区人民的一贯仇恨。在穷人中间，他的名字带来了希望；可是在地主和老财中间，他成了惩奸除恶的天鞭。”

“老刘”牺牲了，但那个能为百姓遮风挡雨的“刘家”还在。刘志丹牺牲后，他的妻子觉得自己肩上的担子更重了，老刘该做的事由她来承担。刘家的门一直敞开着，老刘的妻子尽全力帮助着陕北老乡。女儿刘力贞性格刚毅，她常常说：“我是刘志丹的女儿，我就要做刘志丹。”1960 年，陕西遭受灾害，当时刘力贞也在生病，她不顾病痛，带着医生组成医疗队，到陕北灾区帮助老百姓去了。从老刘到刘嫂子，再到刘力贞，他们都在传承着共产党人的爱民之心。

1999 年，刘志丹的妻子同桂荣因病逝世。2014 年，刘志丹的女儿刘力贞也离开了人世。但现在的“刘家人”已有五代、近百位共产党员，他们奋斗在建设新中国的各条战线上。刘家的几代人都没有忘记老刘跟人民群众的深厚情谊，要“学刘志丹、做刘志丹”，永远跟人民群众在一起。

人的一生中，会面临无数次选择，共产党员刘志丹选择了“生而益民，死而谢民”，并用一生捍卫着这份选择。他不仅仅自己捍卫着这份选择，还影响着身边的亲人，将这份选择代代传递。

[线上作业布置]

1. 请谈谈你对《沁园春 · 雪》这首词中“风流人物”的理解。

2. 你在学习、生活中曾遇到哪些重大抉择，最终做出了怎样的决定？

3. 请谈谈你对刘志丹“生而益民，死而谢民”的理解。

[课后作业]

完成线上答题与章节测试题目。

[课程思政要点]

本章所涉及的思政元素主要体现在红军、船工和共产党员刘志丹一家的故事中。通过线上课程的讲解、学习与线下见面课的讨论，引导学生正确面对学习、生活中遇到的选择，并做出决定。

[本章总结]

本章讲述了红军东征的背景和原因，东征时船工的选择以及东征的战略意义；此外，本章还重点讲述了共产党员刘志丹及其家人一生的选择。

第四章

浴血太行：抗战时期的雄风浩歌

［教学目的与任务］

1. 了解山西抗日战争的历史。
2. 纠正当前存在的一些对抗战的错误认识。
3. 理解抗战精神。

［重点与难点］

1. 纠正当前存在的一些对抗战的错误认识。
2. 理解太行精神、抗战精神。

［线上讲授内容］

美国一位记者曾对中国革命和战争产生过种种好奇和疑问："中国共产党究竟是什么样子？""究竟是怎样的希望、目标和梦想，使他们成为令人难以置信的顽强战士？"一直以来，一些西方学者都在试图探寻中国发展问题的答案，中国共产党究竟从何处汲取用之不尽的力量，在历经磨难后，依旧能不断创造令世界刮目相看的中国奇迹？欲知大道，史可为鉴。中国共产党领导英勇的太行军民在抗日战争时期，用鲜血和生命谱写的一首首豪迈歌曲和一个个壮美故事就是一种诠释。

2019 年 10 月 1 日，在庆祝中华人民共和国成立 70 周年阅兵式上，伴随着恢宏激昂的《钢铁洪流进行曲》，战旗方队 100

面荣誉旗帜列阵通过天安门广场。“为什么战旗美如画，英雄的鲜血染红了它。”迎风飘扬的猎猎战旗上，一个个荣誉称号璀璨夺目。他们是人民军队历史上无数英雄模范集体的代表，他们是人民军队南征北战保家卫国九十余载光辉战绩的写照。其中，至少有5面战旗属于山西的最帅男团。接下来，我们就从男团讲起。

第一节　血染战旗，壮士雄风

一、平型关战役（上）

山西雄踞黄土高原，地处华北心脏地带，战略地位十分重要，东可控制平汉，远达伪“满洲国”境，既可阻断日本关东军与华北派遣军之联系，又可威胁平津；北出平绥，挺进内蒙古

图 4-1　平型关

图片来源：http://www.cngongji.cn/2015-02/03/c_127452067.htm

草原，打通国际援助路线；西向连接陕甘，再加上山西境内有丰富的煤炭、钢铁、食盐、小麦、玉米等战略资源。因此，山西对平津和华北，乃至全国都有着极其重要的战略屏障和支撑作用。

1937 年 8 月 26 日和 27 日，南口、张家口先后沦陷。山西的北部地区完全暴露在日军的炮火之下。日军开始进攻阎锡山的第二战区。日军在占领南口、张家口之后，紧接着进攻的方向究竟是山西西北面的大同、雁门关还是东北方的平型关，这直接关系到第二战区的兵力部署和战场建设。当时阎锡山错误地判断，日军为运送部队、军火展开机械化作战，发挥其优势，一定会把锋芒指向大同。于是，他将主要兵力部署在了雁门关、大同一带，而忽视了平型关一线的防守。然而，日军在 9 月 13 日攻占大同后，并没有向雁门关进攻的迹象。实际上，面对雁门关国军的重兵防御，为减少正面作战的伤亡，加快进攻速度，狡猾的日军主力板垣师团看到了双方战场态势中的一个空当，就是国军在平型关一线布防的空虚。于是，日军决定沿着蔚代公路迂回进攻广灵，在洗马河一带迅速打败了刘奉滨的 73 师，并紧逼不舍，直扑灵丘，想要以快速机动、迂回包抄、避实就虚的战法迅速夺取平型关，抄断雁门关中国守军的后路，然后夹击太原。直到这个时候，阎锡山才意识到出问题了，日军的主攻方向原来在平型关一带。雁门关兵力虽多，却无用武之地，而平型关一带则兵力空虚，危如累卵。熟知山西地形的阎锡山怎么也没想到，日军会钻了他的防御空当。万般无奈之下，阎锡山不得不仓促地重新调整他的军事部署。令所部迅速退守，沿内长城的平型关、茹越口、雁门关、阳方口一线设防，占领内长城的既设阵地，其重点在平型关。同时急切要求八路军驰援平型关、雁门关和五台山地区，配合国军作战，帮助防守平型关，阻止日军南进。周恩来、彭德怀同意了阎锡山的要求，为积极配合第二战区国军，防止平型关至茹越口和雁门关的内长城防线被攻破，9 月 14 日，八路军即令 115 师进至平型关以西的大营镇等待，准备迎击进犯平型关之敌。当日，115 师先头部队 343 旅进抵大营镇，并立即派出侦察分队，查明平型关地区的有关情况。

平型关古称瓶形寨，周围的地形如瓶，是晋东北的一个咽喉要道，在山西繁峙县东北与灵丘县相交界的平型岭下，雁门关之东。明朝时，这里就是内长城重要关隘。平型关北边的恒山，陡峭险峻，高峙如屏，关南矗立的是五台山，两山海拔在 1500 米以上。两山峡谷中，纵贯一条由东北向西南延伸的狭窄古道，总长 30 多公里，地形复杂，地势多变。沟深路窄，最窄的地方仅能通过一辆汽车。两侧高地便于我军隐蔽部署兵力、发扬火力和展开突击，是伏击歼敌的理想战场。

9 月 16 日，日军第 5 师团第 21 旅团及其第 21 联队向广灵西进占领了浑源县城。同日，第 9 旅团主力向蔚县南下，占领了涞源。9 月 20 日，第 5 师团第 21 旅团长三浦敏事少将，率兵攻占了与平型关近在咫尺的灵丘县城，同时下令进攻平型关。战场形势急转而下，日军攻占平型关已指日可待。平型关顿时陷入十分危急的境地。21 日，日军两个步兵大队，自浑源南下，向国军第 17 军防守的团城口阵地发起突然袭击。17 军第 84 师官兵寸土不让，拼死抵抗。22 日，日军 21 旅团一部 2000 余人攻击国军第8旅两个连坚守的东跑池西北高地。最终，8旅两个连官兵全部牺牲，日军占领了东跑池制高点。国军顽强抵抗，阻滞了日军的进攻速度，为平型关主力部队集结和八路军115师伏击战的展开赢得了宝贵的时间。

9月23日，就在国军在团城口与日军血战之时，朱德、彭德怀下达了115师立即向平型关、灵丘间进发，机动侧击，向平型关进攻的命令。115师343旅迅即由大营镇向平型关东南的上寨镇地域隐蔽集结。聂荣臻率领344旅和师司令部，同时迅速从五台山绕小路，赶到了上寨。地者，兵之助也。林彪、聂荣臻深知，对武器装备落后的八路军115师来说更需要利用地形来弥补火力上的不足，以制约敌军飞机、大炮等重武器的发挥。他们准备利用平型关东北的狭窄古道伏击歼灭敌人。

二、平型关战役（下）

9月23日，林彪、聂荣臻决定实施作战计划。当晚，八路军第115师官兵单衣薄裤，冒着大雨，长途行进在湿滑的山道上。进入伏击阵地后，安静地潜伏在泥泞的山间。全师主力布置在平型关到东河南镇10余里长的公路南侧山地边缘。343旅之686团位于白崖台附近，左侧是685团，右侧是687团，口袋底是第33军之独立8旅、115师第344旅，687团断敌退路并打援敌，688团作为预备队。这一部署使得进攻平型关的敌人完全处于包围圈伏击之中。八路军同时又以一部从关沟出发，主动接应郭宗汾的出击部队。

一夜风雨过后，战士们浑身上下都是黄泥汤，与周围的景色融为一体。即使走到近处，也很难发现埋伏的身影。表面上看，由平型关至东河南镇这条 5 公里长的沟道里空无一人。一切都显得那么平静。

林彪和聂荣臻在平型关东侧一个不引人注目的山头上一起指挥这场大战。林彪半跪在草地上，在纸上标注着阵地位置。聂荣臻用望远镜观察设伏的阵地和沟道通路。当他俩看到部队隐蔽得不露一丝破绽，与山峦草木完全融合在一起时，不由得相视一笑。站在一旁的一位参谋趁机举起相机，记录下了两位平型关战役的组织者和指挥者的这一历史时刻。

根据以往的资料记载，日军从平型关下东跑池地域由西向东进发时钻进了我们的伏击圈。而事实上，还有一支日军的骡马辎重部队，从灵丘方向由东往西也进入了伏击圈。这就意味着，有两支日军从两个不同方向同时钻进了 115 师部下的“口袋阵”。

9 月 25 日早晨 7 时许，日军板垣第 5 师团第 21 旅团的汽车队从东跑池地域，由西往东进入了平型关东南关沟至东河南镇之间的峡谷地段。山谷里日军的车队，像一条长蛇在雨后泥泞的山间里爬行。驶入伏击阵地的车辆有 100 多辆。正当 115 师准备向汽车队发起攻击时又有一股敌人，从灵丘向蔡家裕方向伏击地域相向而来。这是鬼子的一支大型部队，也是一支辎重部队，他们的骡马大车连绵四五里，共 100 多辆。根据当时《每日新闻》的随军记者易川在《大陆舞台上的中日死战》《第十一联队战史》中记载，1937 年 9 月 25 日，有两支部队从东西两头钻进了 115 师的伏击圈，遭到了毁灭性打击。这两支部队分别是从平型关返回灵丘的日军第六兵站新庄自动车队和从灵丘向平型关前线运送给养的日军第21联队辎重部队。

由于道路狭窄且泥泞，来自东西两个方向的日军、汽车和骡马大车行动十分缓慢。为了不让这两股部队合兵一处，115师抓住有利战机，果断发起攻击，震惊中外的平型关伏击战打响了。战斗一开始，日军汽车队最前面的汽车就被打坏并起火了。第六汽车队队长，新庄淳当场毙命。汽车拥挤在山谷里动弹不得。日军被这突如其来的伏击打得晕头转向，他们纷纷跳下车，四处散开。然而，日军有很强的战术意识，三人一组背靠背向我方阵地还击。即使没有组织指挥，仍然自寻战机。躲到汽车下面的士兵也爬出来，拼命往山上爬。抢夺附近的制高点，战术战法慌而不乱。由于115师弹药不充足，如果与日军长时间交战，将很难把眼前的两股敌军同时吃掉。于是林彪下令："一定要冲下公路，把敌人切成几段，并用一个营抢占老爷庙。拿下了这个制高点，我们就可以居高临下，把敌人消灭在沟里！"

686团团长李天佑跑回团指挥所，立即令右侧的3营冲下公路，攻占老爷庙。2营随后跟进。经此耽搁，日军已经占领了老爷庙。然而，日军不懂山地战术的特点，只用一小股兵力抢占了老爷庙，大部分敌人始终挤在公路上挨打。3营冲过了公路，就直奔老爷庙。占领老爷庙的一小股敌人见3营向上冲，就用机关枪扫个不停，沟里的日军也从后面涌上来。这时2营从侧面冲过来，挡住了涌上前的敌人。由于日军山上和山下火力的夹击，山坡又陡，3营伤亡不断增大，邓克明、杨勇先后负伤，仍坚持不下火线，继续指挥作战。但是3营反复冲了几次都没有奏效。这时，1 营 3 连绕到老爷庙北边一个更高的高地，居高临下发起突然冲击，打掉了日军的机枪。3 营乘机发起冲击，终于拿下了老爷庙高地。

686 团 3 营占领了老爷庙高地后，战场形势立即改变，我军从公路两侧高地居高临下，打得山沟里的日军到处躲藏。看到这种情况，日军指挥官醒悟过来，赶紧指挥士兵争夺老爷庙制高点。日军连续发起冲锋，均被 686 团击退。

15 时，687 团从东侧、685 团从西侧围上来，686 团从老爷庙高地发起攻击，而独立团则顽强阻击涞源援敌。至此，被围日军被全部歼灭。

此次战役，115 师共歼灭日军 1000 余人，缴获步枪 1000 余支、机枪 20 余挺，击毁汽车 100 余辆、马车 200 余辆，我军伤亡 600 余人。

毛泽东于 26 日致电朱德、彭德怀、任弼时并 115 师，庆祝我军的第一个胜利。蒋介石也在致朱德、彭德怀的贺电中说：25 日一战，歼敌如麻，足见官兵用命，深堪嘉慰。

首战平型关，威名天下扬。平型关大捷是全面抗战开始以来华北战场上中国军队对日作战取得的第一个重大胜利。它有力地配合了正面战场的防御作战，打破了“日军不可战胜”的神话，也为友军树立了榜样，极大地振奋了全国抗日军民的士气，提高了共产党和八路军的威望。在民族存亡的生死关头，我们太需要一场胜利来汇聚民心。

1985 年，86 岁高龄的聂荣臻元帅提起平型关战役依然心情激动，创作了这首《忆平型关大捷》：

集师上寨运良筹，敢举烽烟解国忧。潇潇夜雨洗兵马，殷殷热血固金瓯。

东渡黄河第一战，威扫敌倭青史流。常抚皓首忆旧事，夜眺燕北几春秋。

三、夜袭阳明堡机场

就在平型关大捷之后不久，八路军第129师769团又在夜空中炸出了亮闪闪的胜利火光。一个仅有步枪、手榴弹、少量迫击炮和轻机枪的步兵团，在没有空军支援的情况下，与日军激战1小时，创造了歼灭敌机24架的神话。

1937年10月中旬，22岁的八路军129师769团团长陈锡联，率部来到山西省代县南苏郎口村，这里是滹沱河东岸的一个小村庄，顺河南下就是忻口。当时那里战事正隆，不时有日军的飞机从村子上空飞掠而过。通过对飞行活动规律的观察，陈锡联推测附近一定有日军的机场，询问老乡后更确定了这一推测，隔河十余里的阳明堡，有日军机场正在修建。为了摸清日军机场的详细情况，陈锡联亲自带着二营营长孔庆德、三营营长赵崇德，化装成当地农民进行实地侦察，发现日军有24架飞机，白天轮番外出，轰炸太原、忻口，晚上返航停在机场。当时日军香月师团的一个联队守在阳明堡街内，只有小股的守卫部队守在机场，陈锡联想，如趁日军不备，发动突袭，将是歼灭他们的天赐良机。回到宿营地，陈锡联立刻召开了作战会议，研究并制订了作战方案，一营、二营负责阻击阳明堡增援的日军；三营主要负责夜袭机场；团迫击炮连、机枪连在滹沱河东岸构筑阵地，随时准备火力支援三营，整个行动要求迅速、果断。一场突袭日军机场的战斗即将打响，这将是129师抗日作战打响的第一枪。

10月19日晚，三营10连、11连两个连的勇士，借着夜幕的掩护，悄悄地涉水渡过了滹沱河，在机场外围隐蔽埋伏，随后用铁剪子剪开铁丝网，从东西两侧神不知鬼不觉地摸进机场，当时机场停机坪上分三排停放着日军的24架飞机，岗楼上的探照灯来回扫射，机翼在探照灯下发出银灰色的光亮。日军巡逻队在停机坪前来回走动。营长赵崇德让大家沉住气，静静等候。

夜深了，巡逻的日军进了岗楼。机场四周寂静无声，营长赵崇德带着部队从东西两侧向停机坪靠近，看到时机成熟，赵崇德下达了行动命令。10连连长杨万兴摆手示意，兵分几路直扑西北角，袭击机场守卫部队的掩蔽所和岗楼。战斗打响。10连战士一边射击，一边加速前进，用火力堵住隐蔽部和岗楼的出口。11连就开始向飞机扑过去。刹那间，机场上枪声、爆炸声响成一片，夹杂着日军的喊叫声。

对于八路军战士来说，这是他们第一次近距离地接触飞机，他们对飞机既感到好奇，又不知该如何摧毁这个“铁家伙”。枪打到机身、机翼上火光四射，却起不到什么作用。后来战士们想办法把手榴弹捆扎起来往飞机上扔，剧烈的爆炸声接二连三响起，飞机燃起大火，风助火势，火助风威，火势乘风蔓延，滚滚浓烟弥漫开来，整个机场顿时成了一片火海。此时，在滹沱河东岸构筑阵地的团迫击炮连，看到部队准备撤出战斗，瞄准了鬼子在机场的油库，嗵嗵几发炮弹，就把日军的油库炸得腾起了大火。

经过一个多小时的激战，三营以伤亡30余人的代价，毙敌100余人，摧毁敌机24架。且就在这时，阳明堡方向传来激烈的枪炮声，机场北边也传来隆隆的马达声。三营营长赵崇德判断，是敌人的增援部队到了，他立即命令部队撤退，而他留在最后做掩护。正当赵崇德掩护部队撤退时，日军打出几十发照明弹，几挺机枪一起扫射，赵崇德中枪倒地。通讯员背起赵营长就跑，可他刚跑出没几步，敌人又是一阵机枪急速扫射，通讯员和赵营长都重重地跌倒在地上。赵崇德艰难地睁开眼睛，用尽最后的力气推开通讯员："不要管我，快走。"他的胸口血如泉涌，染红了军衣。

后来成为共和国开国将军的原二营营长孔庆德，对赵崇德终生难忘。他经常对身边的人说，赵崇德个头儿不高，但很结实，古铜色的皮肤油光发亮，一打起仗来就不要命，常挂在嘴边的一句话是"说我无能可以，别说我怕死"。

当时，769团的副团长汪乃贵也来参加战前动员。其间，赵崇德营长从口袋里掏出5块钱，双手交给汪副团长，激动地说："如果我在战斗中牺牲了，这就作为我交的最后一次党费，这也是我向党表示的决心。"

同样是开国将军的余述生，也经历了夜袭阳明堡的战斗，赵崇德倒下的瞬间就发生在他的眼前。战斗打响前，团政治处派余述生去给党支部做战前动员，赵崇德营长很详细地给余述生讲述了当天夜袭阳明堡机场的兵力部署和作战方案。几十年过去了，余述生依然清楚地记得赵营长讲话时的神情。后来，他在回忆录中写道：我和赵崇德营长认识并不久，平时接触也不多，但是在夜袭阳明堡战斗中，我在他身上看到了共产党员的光辉品质，他的英雄形象我永远不能忘记。彭德怀副总司令称赞他为“忠肝赤胆与日月争光”。

我们的军人男团都如赵崇德一样，不畏牺牲、敢于斗争，用行动实现了对党的诺言，冲锋在前，退却在后，才赢得了一场场战斗的胜利，换来今天的美好家园。

四、奇袭长乐村（上）

抗战中，八路军打得最好的一次战斗是哪一次？有的人会说平型关大战，还有的人会说百团大战，这都没错。但如果问歼敌规模最大、最辉煌的一次战斗，我想很多人都不清楚这个问题的答案，问 100 个人，可能 99 个人都会被问倒，这是因为知道这场战斗的人不多，宣传者不多，其实，这场战斗名叫长乐村之战（又称“长乐战斗”）。

长乐战斗是八路军在抗战期间，战果最辉煌的一战。那么，这场战斗的目的是什么呢？本节将为大家解答这个疑问，通过这场战斗，大家可以了解到抗战时期一些鲜为人知的事情和道理。

今天，在互联网上，有一些历史虚无主义言论，其中涉及对于抗战的错误理解和错误认识：首先，在整个抗战时期，中国军队连一个成建制联队的日军也没有消灭过。也就是说，中国军队连日军的一个团都没有消灭过，这是历史虚无主义的典型话题；其次，有人说，在抗战期间，国民党牺牲的将领数量为 206，而共产党领导的人民军队只牺牲了一位将领。那么，国共两军抗战中牺牲的将领数量比为 206∶1，但事实真的是这样吗？最后，很多人认为，在抗战期间，八路军打赢的战役，只有平型关大战和百团大战。以上三个历史虚无主义言论，究竟是否为真呢？我们从以下四个方面进行分析：第一，长乐村之战的简要经过；第二，从长乐村之战看八路军的战斗数量；第三，从长乐村之战看中共牺牲将领数量；第四，从长乐村之战看抗战精神。

首先，长乐村之战的简要经过。长乐村之战的背景是晋东南根据地反日军的九路围攻。抗战到 1938 年 4 月初，日军的华北方面军为了对付我们新生的晋东南抗日根据地，派出了以 108 师团为主的 3 万敌军，对根据地进行了九路围攻。当时，八路军总司令兼国民党第二战区东路军的总指挥朱德，率领东路军的国共两军迎战敌军。当时，八路军挡住了日军的八路围攻，只有一路敌军，孤军深入我们根据地的中心地带。八路军采用了诱敌深入的战术，逐渐把敌军引到了他们的腹地——武乡。敌军占领了武乡以后，发现这里是一个空城，于是他们继续往东撤退。129 师的主力部队趁机追击，向武乡以东地区前进。129 师下辖的 386 旅分为 771 团和 772 团。陈庚带领的主力部队，沿着浊漳河北岸前进，而我们八路军的 771 团，作为右路纵队沿着浊漳河的南岸前进，追到了武乡以东的马庄和长乐村之间的河谷，把日军的 2000 余人包围在了河谷地带，准备围歼。长乐村之战就此爆发，由于这次战斗发生在长乐村以西的河谷地带，因而称为长乐村之战。

这一仗打得十分激烈，因为日军117联队的战斗力极强，战斗到一半时，日军117联队前锋部队的1000余人，发现其后方部队被八路军包围后，便立即折返援助他们。当时八路军772团的第10连，就在戴家垴迎战这1000余人的部队。这场激烈的战斗进行了4个小时，敌强我弱，10连打得极为英勇顽强，其中的一个排全部牺牲，但他们抵挡住了敌人的增援。这对于整个长乐村之战的胜利起到了至关重要的保障作用。打到后来，在辽县的日军105联队发现了117联队陷入我们的围困，便赶过来驰援，当他们经过曾万钟率领的国民党的军队预先布置好的阵地时，国民党军居然眼睁睁地看着日军过去，一枪未发。

图4-2　长乐村战斗纪念碑志（作者团队拍摄）

由于这个原因，八路军为避免腹背受敌，便撤出了战斗。这一仗，长乐村之战取得了胜利，战果辉煌。当时的战报显示消灭了日军1500人。后来，经进一步的战场检验，这次战斗共消灭2200人。随后国共两军一起收复了18座县城，两军合计消灭日军达4000余人。这次战斗奠定了整个晋东南抗日根据地的格局，即整个太行根据地的格局。因此，这一仗可谓打得非常成功。

今天，我们到长乐村战斗的旧址，会看到长乐村战斗的纪念碑，碑上写了如下一段文字：

1938年春，侵华日军在我军民重重打击下，恼羞成怒，遂于四月初调集重兵3万，由博爱、邯郸、邢台、石家庄、阳泉、榆次、太谷、沁县、长治等地，分九路向我晋东南地区围攻，妄图在辽县、武乡、榆社地区消灭我八路军主力，摧毁我初创的太行抗日根据地。

4月16日，日军25旅团第117联队，附骑兵辎重3000余人，北犯榆社扑空后，放弃武乡县城沿浊漳河向襄垣方向窜去。我八路军129师主力与115师一部，遵总部朱德总司令和彭德怀副总司令命令，在刘伯承师长、邓小平政委和徐向前副师长直接指挥下，以4个团的兵力平行追击日军。386旅旅长陈赓亲率772团叶成焕部和689团韩先楚部为左纵队，沿浊漳河北岸追击；771团徐深吉部为右纵队，沿浊漳河南岸急进。769团陈锡联部为后续纵队沿大道进迫。上午10时，我军以急袭手段将日军后续部队压在马家庄、里庄滩至长乐一带河谷，截为数段，各个击破，并击溃敌返援之先头部队。激战竟日，歼敌2200余人，取得了粉碎日军九路围攻决定性胜利，为晋冀鲁豫边区的形成奠定了坚实基础。是役我 772 团团长叶成焕以下 800 将士壮烈殉国。

图 4–3　长乐村战斗纪念碑

图片来源：https://www.toutiao.com/article/7073610686471062053/

纪念碑上的这段文字正好是对于长乐村战斗的一个准确记述。这次战斗之后，日军的九路围攻被粉碎了。

今天我们看到的长乐村的战场遗址位于浊漳河的两岸，这里风景秀丽，河水清澈且平静。谁会想到当年这里发生的血战，国共两军同日军在这里的交锋？

据《陈赓日记》记载，当时日军被打得殊无斗志。从望远镜中看，日军有 500 余人在河滩上架好了枪支，这意味着什么呢？日军准备要投降。但突然从辽县来了 1000 多名援军，令他们像突然打了鸡血似的，重新扑向八路军，战斗又变得激烈起来。

从中央档案馆记载的长乐村战斗详报中，我们可以看到，向八路军总部汇报时，这一仗歼灭日军的人数为 1500 人，后来

图 4–4　长乐村的战场遗址（刘波摄）

重新统计时，人数变为 2200 人，加上追击作战歼灭的 4000 余人，这是非常了不起的战绩。长乐村战斗的一个特点是：八路军在正面打，国民党军队则配合八路军在侧后打，是抗战时期中共合作的一个典范之战。

长乐村战斗发生在 1938 年 2 月，朱德总司令因当时国民党第二战区副总司令卫立煌和第二战区司令长官阎锡山的要求，担任了第二战区东路军的总指挥。因而，在朱德总司令的麾下，不仅包括八路军的三个师，还有国民党军的几个师，高峰时期，国民党军有大概七个师的兵力交给了朱德总司令指挥。两军合力打破了日军的晋东南九路围攻。朱德总司令指挥的国民党军队有：第 3 军、第 17 军、第 47 军的第 94 师、第 17 师、骑兵第 4 师、第 529 旅，以及山西青年抗敌决死第 1 纵队、第 3 纵队等。

1938年3月24—28日，在沁县小东岭召开的一个军事会议上，朱德总司令就部署了反九路围攻的方针和任务，决定以一部兵力钳制各路日军，集中主力歼灭日军一部，以粉碎日军的围攻，这就是长乐村战斗的背景。最终，长乐村的作战取得了应有的效果，成为粉碎日军九路围攻决定性一战。然而，这一战本来还可以更辉煌。在《陈赓日记》中，陈赓专门记载了这样一段话：

此役惜因友军（三A）未能完成其阻止辽县之敌人之任务，使我腹背受敌，不能打扫（战）场。

陈赓所指的友军，即前文提到的曾万钟的第三军。刘伯承后来在回顾长乐村战斗时，曾这样说："长乐村战斗是粉碎敌人九路围攻决定性战斗，是全国闻名的急袭战斗。"这是长乐村战斗的定位。长乐村战斗之所以成功，仰仗于我军的多位名将。例如刘伯承师长、徐向前副师长（两位都是开国元帅），以及参战的386旅旅长陈赓（开国大将）。此外，参战的4位团长也都非常了不起，他们是：771团团长徐深吉（开国中将）、772团团长叶成焕（叶团长在战争中牺牲了，如果他未牺牲的话，估计也会成为开国中将或上将）、769团团长陈锡联（开国上将）、689团团长韩先楚（开国上将）。

五、奇袭长乐村（下）

前文提到的长乐村战斗所取得的战绩，比平型关战役的战绩还要漂亮，因为平型关战役歼敌1000余人，而长乐村战斗歼敌1500人，加上追击作战歼敌4000余人。长乐村战斗可以同国民党正面战场的几次大型会战媲美。什么叫会战？会战通常是指敌我双方交战兵力均在10万人以上。在抗日战争中，国民党军共打了22个大规模会战，基本上胜败参半，其中有十几个会战打得不错。国民党打得不错，共产党打得也相当不错。所以，不能因正面战场打得好，就诋毁共产党军队打得差，说中国军队是“游而不击”，可谓有失公允。

长乐村战斗的战果足以证明，八路军的英勇表现已超出国民党军正面战场的一些表现，例如1941年5—6月的晋南会战。国民党军的晋南会战也被称为第二次中条山会战。这一仗国民党军仅消灭了日军300余人，而自己付出的代价则极为惨重，大批将军被俘或是牺牲。除长乐村战斗外，八路军的著名战役或战斗还有阳明堡战斗、七亘村战斗、广阳伏击战、午城井沟战斗、响堂铺战斗、陆房战役、陈庄战斗、白彦战役、榆辽战役、黄崖洞保卫战、黄土岭战斗、宋庄战斗等。其实，八路军还有很多著名的战役或战斗没有宣传。以岭南战役和渭南战役为标志，从这一时期开始，敌后战场开始了大规模的反攻，在反攻作战中，我们至少有一二十个战役，打得很出彩，却很少宣传，一场战役下来，歼敌5000~10000人。1945年春，八路军的道清战役和豫北战役，共毙伤日伪军7900余人。再比如晋冀豫军区的南乐战役，毙伤日伪军3400人。山东军区的玩底战役、蒙阴战役，歼灭日伪军11000余人……其实，就像习近平总书记告诉我们的：

从那时起，大江南北，长城内外，全体中华儿女冒着敌人的炮火共赴国难，无论是正面战场，还是敌后战场，千千万万爱国将士浴血奋战、视死如归，各界民众万众一心、同仇敌忾，奏响了一曲气壮山河的抗击日本侵略的英雄凯歌，用生命和鲜血谱写了一首感天动地的反抗外来侵略的壮丽史诗。

正是由于正面战场和敌后战场配合得好，我们才赢得了抗日战争的胜利。简单来说，抗战的胜利就是以国共合作为基础的全民族抗日统一战线的胜利。今天，有人想单说国民党打得特别好，或者单说共产党打得特别好，都是失之偏颇的，这是团结奋战的一曲凯歌。

前文介绍八路军772团的团长叶成焕，在长乐村战斗中牺牲了。叶成焕虽是团长，但如果他没有牺牲的话，他就会在战后被任命为386旅的副旅长。“旅”在抗日战争时期相当于师级、副师。当时授予的军衔最低是少将，改编为八路军前，叶成焕是红四方面军31军93师的师政委，师政委就是师长级别。这在当时的国民党军中，可被评为中将，但是国民党给我们编制太少了，八路军改编只给了我们三个师的编制，叶成焕因此从一个正师级干部降为正团级干部。

八路军在抗战期间牺牲的团以上干部高达669人，其中旅以上干部是102人，换言之，为抗战牺牲的将领，仅八路军一家，就至少有102人。另外，新四军为抗战牺牲了旅以上干部45人、团以上干部350多人，此外，东北抗联牺牲了军以上干部41人、师以上干部120多名、团以上干部110多人。合在一起，我们在抗战中总共牺牲的旅以上干部302人、团以上干部有1000多人。所以说，同国民党军比，我们牺牲的将领超出他们好几倍，为什么会出现这样的情况？第一，我军有这样一个光荣传统：我们的领导干部愿意率先牺牲自我，率先带头冲锋陷阵，所以在抗日的战场上，我军牺牲的将领很多。第二，我军在敌后抗战。敌后作战是指在敌人所占地区，甚至是敌人的心脏地带作战。那么无论是将军还是士兵，牺牲的概率是一样的。因此，我军在抗日战场上牺牲的将领人数大约是国民党军的3倍。如果算上团以上干部的话，我军牺牲的将领恐怕是国民党军的10倍之多。

下面，我们来谈一下透过长乐村战斗看抗战精神。什么是抗战精神？习近平总书记在纪念中国人民抗日战争暨世界反法西斯战争胜利69周年座谈会上的讲话中，曾这样讲述抗战精神：

中国人民向世界展示了天下兴亡、匹夫有责的爱国情怀，视死如归、宁死不屈的民族气节，不畏强暴、血战到底的英雄气概，百折不挠、坚忍不拔的必胜信念。

这句话其实可以用简短的8个字概括：牺牲、团结、爱国、创新。这也是抗战精神的主题词。由于长乐村战斗正好在太行，它和抗战精神很接近，内容如下：

坚定正确的理想信念，始终保持对党对人民对事业的忠诚；

坚持执政为民的政治立场，始终保持同人民群众的密切联系；锤炼坚韧不拔、百折不挠的品格，始终保持知难而进、奋发有为的精神状态；坚守党的政治本色，始终保持艰苦奋斗的优良作风，为推动经济社会又快又好发展提供强大精神动力。

六、黄崖洞保卫战

战争是武力的对抗，打仗不能缺少武器弹药。本节内容是一个关于武器弹药的故事。《游击队之歌》中有这样一段歌词："没有吃，没有穿，自有那敌人送上前；没有枪，没有炮，敌人给我们造……"然而在真正战场上缴获敌人武器可没那么容易。曾有人统计过，缴获一件武器至少要牺牲 2~3 人，可以说，武器是用人命换来的。打敌人的枪和炮，只有靠自己造，靠自己武装自己。

1938 年 9 月，八路军在榆社县韩庄成立了总部修械所，从各地集中了三百多名工人和十余部旧车床、刨床、钻床和一台小锅炉，担负修理在战斗中损坏的武器的任务，同时还兼造地雷、手榴弹和步枪。然而，凭这些人力、物力，修械所一个月最多能造六十支枪，远远跟不上战斗和扩大抗日武装的需要。1939 年 5 月，八路军总部决定把晋冀鲁豫地区的一些部队修械所和地方兵工小厂统一组织起来，成立军工部。八路军副总参谋长左权凭借其军人的敏锐，经实地勘察后，发现黎城的黄崖山沟壑纵横、悬崖林立，东面崖壁的半空有一个天然石洞，当地人叫它黄崖洞。这是一处理想的兵工厂厂址。于是，他们搬迁至此，扩建八路军当时最大的兵工厂。由从德国、苏联学习归来，有军工技术知识，又在赣东北苏区兵工厂工作过，且对兵工生产具有一定经验的刘鼎担任军工部长。

图 4-5　黄崖洞

图片来源：https://news.cnr.cn/local/dftj/20221001/t20221001_526025035.shtml

百团大战打响后，彭总曾找到刘鼎，提出疑问："前方部队在向敌人发起冲锋时，常常遭到意想不到的轰击，打得我们抬不起头来，造成很大伤亡。百米左右的距离，手榴弹扔不了那么远，炮又打不了这么近，这样的一个距离，应该使用什么武器呢？"后来，在一次战斗中，他们缴获了日军的新装备掷弹筒，一种单兵装备的小型火炮，口径 50 毫米，发射钢质炮弹，射程为 100~500 米，比手榴弹有更大杀伤力，重 4 公斤，便于携带，适于山地作战，突击性强。日军的这种新装备掷弹筒专门在近战时使用，导致我军近战的优势难以发挥。

在当时太行军工的条件下，制造掷弹筒和相匹配炮弹必须解决两大难题：第一，缺少制造掷弹筒的筒身、炮弹需要的钢材与铜材；第二，缺乏筒身和炮弹体的加工手段和设备。

“天下无难事，只怕有心人。”没有钢材，就用敌占区拆毁的铁路上的道轨来代替。

当时，八路军和广大民兵在津浦路、正太路沿线开展交通破袭战。正如刘波教授所说，铁路道轨拆卸，截断运回黄崖洞兵工厂后，再经过加热，在高温下反复锻打、镦粗，可锻成直径100毫米、长度500毫米的圆柱形毛坯，之后在车床上加工成型，也可用道轨底面，经过碾压，然后卷焊成筒身毛坯。对筒身的加工，由于没有加工炮筒来复线的设备，技术人员研究，将炮筒改为滑膛结构，适当增加炮筒长度，以保证射击距离及精准度。

炮弹是一次性消耗品，必须有大量的炮弹供应才能发挥掷弹筒的威力。大量生产炮弹需要大量的钢材做弹体，铁路道轨有限，又找不到别的钢材，只能考虑改用生铁铸造，但在战争环境下，太行根据地不可能新建高炉来冶炼灰口生铁。因此，唯一可行的办法就是设法利用当地盛产的白口生铁。

白口生铁是当地农民用土炉冶炼出来的，含碳量很高，但是质地硬而脆，硬度超过机床上的刀头，没有办法进行车削加工。怎么办？他们琢磨来琢磨去，决定把外国关于铸铁韧化处理的工艺与太行山民间的焖火技术结合起来，经过多次、反复的试验，终于研制出了土洋结合的火焰反射加热炉。白口生铁铸成的弹体经加热炉焖火处理后，表层的碳被析出，由硬而脆变成软而韧，这样就可以进行车削加工了。这一关键技术的突破，使制造掷弹筒炮弹的最大难题得以解决。

但随后又有了新问题，炮弹打出去后，会转来转去，方向不稳定，准头较差。原因是手工刻膛线不精准。于是他们开动脑筋，给炮弹装了尾翼，炮弹因为有了尾翼，飞出去以后，威力要大很多。

在突破一个个难关后，终于在 1941 年 4 月，第一批掷弹筒及其炮弹试制成功，口径 50 毫米，射程最远达 700 米。从此，八路军有了与日军抗衡的火力。

在刘鼎的带领下，广大兵工战士发扬自力更生、艰苦奋斗的优良传统，用智慧和劳动，研制生产了各种枪支、炮弹、地雷、手榴弹数以千万。他们创造出了令敌人也感到震惊的奇迹，为赢得抗日战争胜利和全中国的解放立下了不朽功勋，被朱德、彭德怀誉为八路军的“掌上明珠”。

然而，武器的规模化生产和黄崖洞兵工厂的发展，使日本侵略者感到惊讶和恐慌。他们将“大扫荡”的目标锁定在了黄崖洞。

如今，从蛇形的石阶山径向北，再经过九组笔直的青石台阶拾级而上，便来到了青松翠柏掩映下的黄崖洞烈士陵园。这里长眠着 43 位在黄崖洞保卫战中牺牲的战士。石碑上镌刻着烈士的英名，料峭的山风，似乎还在诉说着当年那场惨烈而悲壮的战斗。

图 4–6　黄崖洞保卫战殉国烈士纪念塔

图片来源：https://www.sohu.com/a/291113597_120044051

1941 年 11 月 9 日，5000 余名驻黎城日军，在十一门重炮、十几架飞机的掩护下，向黄崖洞兵工厂所在地发起进攻，其目的就是要彻底破坏掉黄崖洞兵工厂。在彭德怀和左权的指挥下，八路军总部特务团和 129 师发起了黄崖洞保卫战。11 月 11 日夜，日军利用天黑便于隐蔽的有利条件，以偷袭的方式闯入黄崖洞南口，当即遭到轻重机枪的密集扫射和地雷轰击。12 日，日军把号称“钢铁大队”的部队投入战斗，集中火力向南口持续进行密集攻击，前后组织的六七次攻击都被八路军击退了。15 日，日军向水窑口发动攻势。

敌人连续进攻了四天，伤亡数百人，只前进了几百米。守卫在“水窑口”阵地的是八连的战士。他们运用战术，同敌人打地雷战、打肉搏战，连续击退了敌人的 11 次进攻。“水窑口”阵地前血迹斑斑，敌人在阵地前留下了不少尸体，却始终未能越过阵地。最后，日军使出了最毒辣的手段——对着八路军前沿阵地使用火焰喷射器、燃烧弹和毒气弹。在这种情况下，八连连队书记冯建书和3班班长王振喜带着10名战士仍死守地堡。敌人的火焰喷射器将阵地化为火海，八连的12名勇士最后选择冲向火海，和敌人同归于尽。

浴血奋战8天8夜，歼敌1000余人。这一战以辉煌战绩开创了中国抗日战争史上敌我伤亡比（敌我伤亡6：1）最悬殊的一次纪录。

我们可以想象火光冲天、烟雾弥漫的战况，也能体会战况的惨烈与悲壮。战士们用自己的血肉之躯，以顽强的意志和不怕牺牲的精神坚持到底，为兵工厂的转移赢得了时间。目标虽然暴露，但大规模的兵工厂不利于转移，八路军军工部决定，把黄崖洞兵工厂一分为三，另外两个工厂藏匿至附近的村庄，等到日军撤退后，兵工厂的工人再回到黄崖洞，武器装备的生产便可得以恢复。

从平型关大捷到夜袭阳明堡、血战长乐村，从七亘村伏击战、享堂伏击战到沁源保卫战。不同的战役，不同的地点，不同的作战计划，不同的战况战果，但相同的是宁死不屈、视死如归的民族气节，是不畏强暴、血战到底的英雄气概，是百折不挠、坚忍不拔的必胜信念。

中国共产党领导伟大的太行军民，用鲜血和生命谱写了百折不挠、艰苦奋斗，不畏艰险、不怕牺牲，英勇奋斗、无私奉献的太行精神。这伟大的太行精神将光耀千秋、彪炳史册。

拓展阅读：

黄崖洞保卫战[①]

1938年，毛泽东在党的六届六中全会上第一次提出，要在每个抗日根据地建立自己的兵工厂，以解决八路军武器装备匮乏的问题。1939年5月，八路军总部成立了军工部，同年7月，在朱德总司令和左权副参谋长的指示下，军工部在黄崖洞的水窑山建立了八路军的第一个兵工厂，即黄崖洞兵工厂。朱德总司令曾将该兵工厂誉为八路军的“掌上明珠”。

1940年，黄崖洞兵工厂研制生产出了五五式步枪和八一式步枪及一大批各式各样的地雷。1941年1—11月，该厂共生产五〇炮800多门、炮弹2万多发。黄崖洞兵工厂一年生产的枪支弹药可以装备16个团，大力支援了八路军抗日前线的作战，成为八路军生产武器装备的重要基地。

黄崖洞兵工厂的存在成了日本侵略者的心腹之患，使日军感到了极大的威胁与恐惧，把“大扫荡”的目标锁定在黄崖洞。

为了保卫黄崖洞兵工厂的安全生产，1940年春，八路军总部调遣特务团一营进入黄崖洞，在外围野战军主力和民兵配合下，负责保卫黄崖洞兵工厂。同时，八路军还在黄崖洞设置了完善的防御体系。彭德怀与副参谋长左权还亲临黄崖洞进行了

① 资料来源：（1）潘泽庆.抗战时期八路军的黄崖洞保卫战［J］.党史博览，2007（05）。（2）郭胜伟.左权与黄崖洞兵工厂［J］.湘潮，2009

战略部署。

1941 年 11 月 3 日傍晚，2000 多名日军从黎城出发，试图进攻黄崖洞兵工厂，彭德怀、左权根据情报判断出日军此次“扫荡”目标为八路军总部机关和黄崖洞兵工厂，于是当机立断下令总部特务团（全团兵力约 1500 人）出山迎敌。11 月 5 日夜间，彭德怀通过电话向欧致富下达命令，要求特务团所有预备队立即撤进黄崖洞准备打防御战，先在黄崖洞坚守五天；五天之内，特务团必须把工人安全转移，把兵工厂的设备、产品和相关物资掩埋好。左权还向特务团解释了总部的作战意图：外围部队让开一条路，将日军放进来，然后由黄崖洞防区的特务团狠狠地打击。左权特别强调要采用“咬牛筋”的战术，即充分利用有利地形，严密设防，坚守阵地，咬住敌人，猛中求稳，以守为攻，以静制动，以逸待劳。

11 月 9 日，黎城日军第三十六师团和独立第四混成旅团精锐部队约 5000 余人，气势汹汹，再次急袭西井镇，直奔北面的黄崖洞兵工厂而来。但日军并不着急进攻，而是在南口外的赤峪一带部署兵力，变过去抓一把就走的“飞行扫荡”为“驻剿”，妄图一次吃掉黄崖洞兵工厂。1941 年 11 月 10 日下午，日军兵力部署完毕，采用试炮的方式，企图用炮弹扫雷。特务团设雷组的战士待敌人全面炮击后，又突击埋雷，专等日军步兵前来送命。

11 月 11 日拂晓前，日军主力先头部队接近槐树坪，三次偷袭南口，均未得逞。天亮后，敌人在炮火掩护下对南口发起了强攻。猛烈的炮击后，日军发起了一阵阵冲锋，但都被英勇的八路军击退。由于八路军在南口布有雷区，日军先是用工兵排雷，随后又将百余只羊赶在进攻队形前面，欲以羊“蹚雷”开路，而羊群后面是300多步兵，步兵后面是100多骑兵，这些日军都哇哇乱叫着向前拥。但是八路军特务团的战士们在南口阵地埋的是大踏雷，人踩马踏才会响，而羊蹄小体轻，很少踩响地雷，日军见状也就放了心，步兵与骑兵都大胆地紧跟在羊群后面，企图一举攻占兵工厂。正当敌人得意之时，突然间，一颗颗滚雷从天而降，无数个地雷在脚下炸响，特务团第三营第七连前沿阵地的机枪也猛烈开火，羊群四散逃命，日军也乱作一团，丢下200多具尸体后，狼狈逃窜而去。日军的第一次冲锋便被打退，而特务团无一伤亡。

吃尽了滚雷苦头的日军，将目标锁定在特务团第七连的阵地，进行报复性炮击，有两门山炮竟在离七连阵地2000多米处抵近射击。七连垭口左侧的地堡已被日军的炮火削去一角，情况非常危急。团长欧致富见状便通知炮兵排，准备将其干掉。当时，全团只有2门炮、12发炮弹，每打一发都得经总部批准。欧致富电话请示左权，左权命令将12发炮弹根据需要全部打完。欧致富随即一声令下，2发炮弹准确地落在敌人的山炮阵地，一下子敌人连人带炮都被掀翻了，剩下的炮弹也准确地落在敌群里，炸得敌人鬼哭狼嚎。

但由于南口左侧的工事被削去一角，机枪手也被碎石压昏过去，敌人趁机发起猛烈的冲击，南口出现混战的局面。在这紧要关头，17岁的司号员崔振芳，为阻击敌兵前进，一人据守在陡崖上，一气掷出马尾弹120枚，炸死敌兵20多人，但在回掩蔽部扛手榴弹时光荣牺牲。一班长王兴国即使身负重伤、双目失明，仍为鼓舞战友而高呼：“为国牺牲最光荣！一定要把敌人消灭在阵地前！”这次战斗中，有一股日军进入了瓮圪廊山谷内，试图顽抗到底，却被守卫在断崖顶上和断桥头工事里的八连连长彭志海和12名战士，打得落花流水，山谷中地雷翻滚、枪声大作，敌人最后被全歼。

敌人的偷袭与强攻都惨遭失败后，恼羞成怒，到11时许，便凶狠地向七连前沿和纵深阵地施放毒气。在这危急关头，七连连长翼如明沉着指挥，冷静应对，全连无一人丧失战斗力。但团长欧致富当时到七连视察却中了毒，苏醒后仍然坚持指挥战斗。经过一天战斗，七连先后打退敌人十余次疯狂进攻，共歼敌300余人，阵地岿然不动。

11月12日下午4时，敌人突然以各种火炮对桃花寨东南口、跑马山南侧四连三排的阵地猛烈炮击约一小时。13日拂晓，日军集中十余门火炮，向着桃花寨、跑马站等四连高地和高地后大断崖上的工事开始猛烈炮击。敌人炮火摧毁了我崖壁旁两个地堡、掩蔽工事和地雷区。炮火刚停，四连阵地前沿又响起了敌人的枪声，原来是夜间偷偷爬上了大断崖的几十个日军，正向四连阵地疯狂开枪，副排长陈启福、机枪手孙联奎立即率领两个班的战士进行反击，英勇顽强地坚守阵地，给进攻的敌人以重大杀伤，但终因寡不敌众，阵地最后被敌占领。团长欧致富随即组织兵力连续进行了数次反击。经过英勇奋战，特务团的指战员又恢复了四连的前沿阵地。拂晓后，我反击部队主动撤出，转入主阵地。

团长欧致富认为日军从最难最险的地方下手，主要是想争夺跑马站山下的沟，借路进攻兵工厂所在的水窨洞。于是他把情况向左权作了汇报，并建议给敌人让出一条路，守备部队都撤到山上，在沟底布雷，然后两边火力夹击，把敌人消灭在沟底。左权最后同意欧致富的建议。

欧致富的这一计谋果然派上了用场。日军打了一上午，伤亡几十人后，才推进200多米，为了加快推进速度，日军一面派人迅速攀崖，巩固刚占领的有利地段，一面从右侧向沟底进攻，企图一举攻占水窨洞的洞口。日军急于占领洞口，先是多路攻击前进，结果被地雷炸伤无数，于是又改成一路进攻，却又陷入了特务团左侧高地和水窨洞口右侧崖上两翼火力的夹击之中。整个下午，突进到沟底的200多日军，都成了瓮中之鳖，还未接近水窨洞口的核心工事，便悉数被歼。

11月14日，敌人为了消除进攻水窑兵工厂区的侧后威胁，改变战术，转向攻击桃花寨西山和1568高地的二营四连一排阵地。8时许开始炮击，特务团四连主力奋力迎击，四连一排战士，一会儿用手榴弹炸敌人，一会儿与敌展开白刃格斗，整个上午，战斗都处于胶着状态。

日军连续进攻4天，伤亡近千，才突进几百米，恼羞成怒之际，试图孤注一掷。11月15日，敌人加强了兵力、火力，还使用了火焰喷射器。日军在炮火掩护下兵分三路进攻水窑口。一路从正面强攻，一路从右翼包围，一路从左翼的南口搭人梯上断崖，直取水窑口核心阵地，战斗出现了4天以来最激烈的场面，黄崖洞前枪声不断，炮声震天。坚守水窑口阵地的八连指战员，在三面受敌的情况下，发扬了英勇顽强、不怕牺牲的战斗精神，连续打退了敌人七次冲锋。坚守南口断桥的勇士以一当十，愈战愈勇。一天之内，敌人至少伤亡300多人，但仍未能夺取水窑口核心阵地。

11月16日上午，特务团又粉碎了敌人两次进攻，敌人仍被阻拦在水窖洞口，寸步难行。气急败坏的日军下午采取左右钳击、正面进攻的老战法，以强大火力压制水窑口周围山上的八路军支援火力，正面进攻的敌人则用喷火器向前沿阵地喷射火焰，顿时，我阵地烈火熊熊、烟雾腾腾。八连战士誓死守住这通往工厂区的战略要地，绝不退让半步。八班班长王振喜带领战士刘玉溪、韩立会、李为坤跃出工事，带着满身烈焰向敌群射击、投弹、肉搏，毙敌六七十人，直至壮烈牺牲。战士温德胜，举起最后一颗冒着烟的手榴弹冲向狂叫的敌群，与敌同归于尽。晚上，团长欧致富向左权报告，兵工厂机器设备已转移完毕，并遵照总部指示，对战事重新进行了调整部署，特务团战士们在执行完兵工厂机器转移与埋藏任务后，主动撤离水窖洞口和断桥南口阵地，并将敌人占领的水窖洞口主阵地全部用地雷封锁起来。

11月17日拂晓，战斗准备就绪，特务团战士撤离水窑口和南口阵地，敌人便从北山和南口分两路经水窑口向兵工厂区进攻，却遭七连填埋的地雷和侧射火力的杀伤，少数敌人进入工厂区，但几十个敌人在厂区搜索半天仍一无所获，反而引爆了埋在里面的各种地雷，轰隆隆的爆炸声成为日军葬礼的伴奏。下午，敌人进攻重点发生转移，占领1568高地之敌，为了全部控制黄崖洞的主要山区，于下午2时许分多路从正面攀登悬崖进行正面奇袭，少数从右侧迂回1650高地。我五连一排长赵登猛率领战士与敌人展开白刃格斗，战士李天光一人就杀敌十余人（战后荣获“刺杀好手”的光荣称号）。直至下午4时，敌人才占领了1650高地。

经七昼夜奋战，敌人付出巨大伤亡之后，占领了黄崖洞和水窑工厂区。

11月18日，日军在飞机的掩护下，分三路向特务团第一营防守的左会垭口、南山、北山阵地发起了攻击，企图攻占一营防区。一营指战员情绪高昂，杀敌的劲头十足，一经接敌，就以强大的火力压向敌人。一营机枪连班长李昌标，一口气射出子弹480多发，杀伤敌人五六十名。机枪手帅保凭借有利地形，一枪对三炮，毙敌60余人。一营打退了日军数次疯狂的进攻。二连与重机枪连等奋勇迎敌，经过近五个小时的战斗，歼灭了大部分敌人，剩下的几十个敌人与二连一排的战士在2008.5高地的主峰上展开了多次格斗厮杀。最后，我坚守阵地的一排英雄战士除两人转移外，其余全部光荣殉国。当夜11时左右，进占左会南山2008.5高地的敌人，在我一连、三连不断反击下，狼狈逃窜。日军逃出黄崖洞后，又在三十亩、曹庄一带中了129师部队的埋伏。惊慌失措的日军无心恋战，在伤亡500多人后，抱头鼠窜。左权下令乘胜追击，日军被迫于20日夜退出黎城。日军原定一个月的“扫荡”计划就此被粉碎。

血战八昼夜的黄崖洞保卫战，特务团共歼敌1000余人，伤亡166人，赢得了敌我伤亡6：1的辉煌战绩。黄崖洞保卫战保住了水窑兵工厂的人员和机器，大量消灭了敌人的有生力量，锻炼了部队，提高了战斗力；振奋了根据地军民的抗日斗志，坚定了抗战必胜的信心；为我军依托阵地，坚守防御，创造了大量消灭敌人的范例，积累了阵地防御作战的经验。黄崖洞保卫战谱写了一首中国人民抗日战争可歌可泣、激动人心的壮烈史诗，树立了一座中华民族不屈不挠的丰碑！

第二节　红装翠袖，青史丹心

一、母亲叫儿打东洋，妻子送郎上战场

"红日照遍了东方，自由之神在纵情歌唱！……听吧！母亲叫儿打东洋，妻子送郎上战场。"歌声在太行山中回荡，母亲送儿打东洋，妻子送郎上战场的故事还在不断传颂。

一位名叫裴乃秀的母亲，给刚满16岁的大儿子报名参加了八路军。在一次突袭战斗中，儿子被敌人放出的毒气熏倒了，部队把他送了回来。裴乃秀望着气息奄奄的儿子，无比伤心难过，更激起了她对日本侵略军的愤恨。几个月后，儿子恢复健康，她第二次送儿子上了战场。裴乃秀给地主打短工的二儿子，积极参加了青救会。有一天，二儿子进门高兴地对她说："娘，我要跟咱部队出发打日本了。"裴乃秀含着泪水点了点头，不舍而又坚定地说："去吧！要像你哥哥那样，狠狠打鬼子。没有国，就没有家。"然而在一次反扫荡中，二儿子壮烈牺牲了。儿子在外抗战期间，裴乃秀还积极负责接待和护理伤病员，为战

士们烧水做饭、缝补衣服，为伤病员接屎接尿、喂汤喂水。每当伤病员痊愈离开时，她就像送自己的亲生儿子出征一样，带足干粮，仔细叮咛。她送走一批治愈的伤病员，又接收一批新的伤病员，也不知经她手治愈的伤病员有多少人，她为抗日战争的胜利作出了无私的贡献。方廷秀，在抗日战争、解放战争和抗美援朝战争中，先后把自己的三个子女送上前线。拥军模范胡春花、革命妈妈暴莲子……像裴妈妈、方妈妈这样的太行娘亲还有很多，她们义无反顾地把自己的丈夫、子女、亲人送上了抗战前线。当时只有 13 万人口的武乡县，有 9 万多人都参加了抗日人民自卫队和工、农、青、妇等各个抗日群众团体，有 3000 多人参加了八路军、决死队。

没有哪一位母亲不希望儿女陪伴在身边，也没有哪一位母亲情愿子女忍受伤痛，甚至牺牲生命。在国家命运与个人生死之间，没人能够体会一位母亲的选择有多么艰难！她们背负着常人难以承受的痛苦，希望能换来天下更多子女今后的幸福生活。她们用更宽广、坚强、勇敢、慈爱的胸怀，唱响了别样感人的母爱之歌。

二、支援前线不辞劳，宣传抗日女争先

毛泽东曾说：“妇女在抗战中有非常重大的作用：教育子女，鼓励丈夫，教育群众，均需通过妇女；只有把妇女都动员起来，全中国人民必然就都动员起来了。”除送郎送子参军、拥军优属外，宣传是抗日战线的一个重要环节。在这一领域，广大妇女发挥了她们的特点和优势，为民族大义奔走呼喊，成为

抗日宣传的生力军。

位于太行深处的抗大一分校女生队成了“巾帼英豪”的培养基地，孕育了齐心、张志专、刘抗、尹清平、林英等一大批女性干部。在这里，她们彻底改变自己在城市的生活方式，走向农民家中，吃莜面、睡土炕，帮老百姓推碾子、做饭、照顾孩子、调解家庭纠纷，用朴实的言行赢得了当地妇女的信任。她们在家长里短的日常生活中，宣传民族抗战和个人解放，肩负起农村抗日宣传和组织工作。她们组织了姐妹会、妈妈团、缝衣队、慰劳队、妇女会、妇女救国会、妇女抗日救国会等多个妇女团体，开展动员宣传工作。活跃在晋东南的“抗大校花”文工团紧握文艺武器，通过剧团、音乐等形式，进行抗日救亡宣传——“妇救会，俺当班。送文件，下通知。鸡毛信，更要急。样样事情担得起，女人一样来抗日”。这些通俗的歌声和口号响彻根据地。妇女们的抗日宣传活动唤醒了民众的士气，将零散的抗战力量聚集起来。

从小姑娘到老大娘，从学生到农妇，从大城市的女工到穷乡僻壤的家庭妇女，她们致力于唤醒民族自觉，高举“天下兴亡，匹夫有责”的旗帜，成为与男子并驾齐驱的抗战力量。

“妇女的伟大作用第一在经济方面，没有她们，生产就不能进行。”随着抗日战争的持久进行，“壮丁们上了前线”没有了男劳力，再加上日寇的封锁和自然灾害的威胁，根据地的妇女们便自觉地担负起后方的生产重担。她们瘦弱的身体迸发着无穷的力量，她们不仅从事纺织、养猪养鸡、养蜂养蚕等家庭副业，1941 年，武乡县 1 万余名妇女还参加了“百日纺织运动”，纺花、织布、做军鞋、缝制军衣军裤共上万件，有力地保障了八路军的后勤需要。这些妇女毅然担负起过去主要由男子承担的开荒种田、植树造林、送粪施肥、锄草收割等繁重劳动。涌现出了纺织英雄韩国林、生产旗帜张秋林、左权县的赵春花、石壁村的武拉弟、临南县的刘能林等劳动英雄，成为家喻户晓的劳动楷模，她们用勤劳的双手为根据地经济建设作出了巨大贡献。

在“后方与前方、出钱与出力同等重要”的号召下，妇女不但投身生产建设、慷慨捐资，为抗战创造物质条件，而且以女性特有的细致与温柔承担起募捐、慰劳、救护等各项战时后勤服务的工作。在根据地开展的捐银运动中，许多妇女把攒了一辈子的金银首饰捐献出来用作抗日军费，她们还踊跃购买救国公债支援抗战。无论环境怎样残酷，敌人怎样“扫荡”，根据地的妇女都不屈不挠，化苦难为激情，一边唱着《做军鞋》，一边紧张地缝制衣服、鞋袜和被褥；不仅“所有战士的鞋袜及伤员的血衣绷带完全要经过妇女的手”，而且她们还承担起救护伤员的任务。平鲁县革命老妈妈林龙背着重伤员，冒着生命危险想方设法加以掩护；子弟兵的好母亲杨秀英在“山柴下藏肉”慰劳八路军伤员；东山沟里的“沙奶奶”姚存鱼在家中精心护理伤病员。在根据地涌现出多少个“子弟兵的母亲”和“伤兵之母”，背后就有多少个动人事迹。

战火纷飞、缺吃少穿的年代，太行山间的妇女们任劳任怨，帮助战士们缓解伤痛、解决温饱；她们用甘甜的乳汁、无私的母爱，甚至是生命，呵护着八路军将士的后代。平凡的她们用不平凡的壮举，印证了革命军队与人民血肉相连的鱼水之情，书写了军民万众一心，筑起铜墙铁壁，挺起民族脊梁的历史画卷。

三、勇向刀丛杀倭寇，驰骋沙场显英姿

1937 年 1 月，山西女兵连的成立震动了太原。这支由 190 多位女性组成的战斗队伍，是中共领导下的山西特殊形式的抗日统一战线组织。她们有的是因为家境困难、不能升学而来女兵连深造的，有的是女工中的先进分子，有的是为了反抗家庭包办婚姻而来寻求自身解放之路的，还有的是经各地党组织或民间组织介绍来的。她们不仅为了自身的解放，更重要的是为了中华民族的解放，为祖国的独立与民主而投身革命的。她们犹如一颗颗璀璨的明珠，具有崇高的革命理想、顽强的意志和坚韧的毅力。这些女兵们身先士卒，始终战斗在抗日第一线，有的甚至献出了自己年轻的生命。

民政部“第一批著名抗战英烈名录”中八位女英烈之一的南洋归侨李林，在女兵连军政训练班期间，立下了“甘愿征战血染衣，不平倭寇誓不休”的誓言。抗战爆发后，她北上雁门关，开展抗日游击战，组建了雁北抗日游击队第 8 支队。在一次又一次的反扫荡斗争中，李林总是亲临前线。这位 20 岁出头的女子，总是骑一匹高头菊花青战马，手持双枪，率部转战长城内外。她屡建奇功，令敌人闻风丧胆。1940 年元月，李林受到贺龙司令员的接见。贺龙亲切地说：“我们的女英雄，听说敌人听到你的名字都怕，真了不起！”李林的最后一战，是 1940

年4月26日。在晋绥边区第9次反围剿中，已怀有身孕的她，在危急关头带队出击，勇猛战斗，以致深陷重围。她将最后一颗子弹，射入了自己的颌下，壮烈殉国。李林用短暂的一生，践行了她的铮铮誓言。

有这样一位抗战女杰，生前没有留下太多照片，死后也没有留下只言片语，年纪轻轻就以一种壮烈的方式为国捐躯。当我们追溯她的生命轨迹时，不得不惊叹一个共产党员坚强的意志和品质，也无法不为这位血溅沁河的太岳英魂，洒下悲愤的泪水。这位抗战女杰名叫王光，1938年结束读书生涯后，便投身到抗日救亡的运动中，开展妇女救亡工作。她为妇女们讲解抗日道理，教唱抗日歌曲。鼓励她们冲破封建观念的束缚，带领她们轰轰烈烈地开展抗日救国工作。王光也被大家亲切地称为“革命大姐姐”。

1943年，日军对太岳根据地进行了残酷的钳形合围、铁血扫荡。日军扬言要变根据地为无人区。王光担任一区反扫荡总指挥。为了掩护群众、保卫根据地领导机关，王光奋不顾身地带领区分队和民兵在山上打游击。10月的一天，当她率领上寨村民兵掩护群众转移时，遇到了巡山日军。为了掩护隐蔽在山沟里的民兵和群众，王光有意暴露自己，爬上山梁，向山沟的反方向跑去，把敌人搜索的目标引向自己，敌人开枪打中了王光的双腿。当时，她身上唯一的武器就是一枚手榴弹。为了拖延时间，她并没有马上将手榴弹投向敌人，而是眼看自己就要被敌人追上的时候，才忍着剧痛向敌人甩出这颗手榴弹。谁知这颗手榴弹没有爆炸，王光被敌人抓获，受尽酷刑，但王光仍坚贞不屈，最后被灭绝人性的日军残忍杀害，壮烈牺牲。

日军撤退后，躲避“扫荡”回来的群众到处寻找王光的下落，最后找到了被敌人残害得血肉模糊的遗体，同时还发现了一件婴儿用的小肚兜。这个肚兜让大家明白，王光毅然引开敌人时，她抛之脑后的不只是她一个人的生命，还有已孕育在其腹中的胎儿。

梁淑媛为革命事业丢下襁褓中的婴儿，在同反动派进行斗争时牺牲；高尔华被日军包围后，突围未成，与同志们一起英勇跳崖，以身殉国。除上述几位女杰外，还有李仲英、朱淑荣等。

从个体到群像，从后方到前线，山西女性在战争岁月中忍辱负重、坚强抗争，既是彪炳史册的光辉业绩，也是穿越时空的精神财富，是中华儿女自强不息、建功立业的重要精神动力。

第三节 烽火硝烟，最美青春

青春是人生最美好的时光，而青年是徜徉于美好时光中的一代，是最富有朝气和梦想的。然而，在那个并不美好的烽火硝烟的年代，那些拥有最美青春的年轻人是如何追梦、圆梦，践行奋斗青春的？

太原城晋祠旁/有我成成读书郎/明德明理耀长夜/成己成人写华章/山河破家国殇/投笔从戎举刀枪/先生学子赴战场/不雪国耻不还乡。

山西太原的成成中学创建于 1924 年，最初是由怀揣着“教育救国”理想的北平师范大学的山西籍校友萧静庵、高阆仙、张聘珍、王右章、薄佑丞等人，共同创办的一所私立中学。

成中退休教师陈敏西说：“在这些晋籍学生中，有一部分是地下党员。这部分地下党员又组织了一批北大毕业的晋籍学生到成成中学任教，就这样，他们在成成中学埋下了进步的火种。”

成成中学不仅有了身为党员的教员，也是全省第一个由共产党员担任校长的学校。在校长刘墉如的带领下，学校的红色力量得到了进一步壮大。到 1937 年太原沦陷之前，成成中学从一个普通私立学校转变成为中国共产党在山西活动的重要阵地。

在课堂上，语文老师向学生们教授《文天祥传》，政治老师上课前必先朗诵一首岳飞、辛弃疾或者陆游的爱国诗词，地理老师则带着一份中国地图挂在墙上，告诉同学们台湾、东北自古就是中国领土……

按《投笔从戎血沃青山》一书所描述的，卢沟桥事变爆发后，平津陷落，日军加紧向晋北进犯。这个时候，中共中央北方局已经由平津迁到太原，彭雪枫奉命着手在太原筹建八路军驻晋办事处，并担任主任。此时，成成中学进入了他的视野。为此，中共中央北方局、八路军驻晋办事处、中共山西省工委三大机关进驻成成中学。周恩来、刘少奇、朱德、邓小平、杨尚昆、彭真、贺龙等多位中央领导人都曾在成成中学留下足迹。

1937 年 10 月 10 日，成成中学抗日义勇队宣告成立，11 月 5 日，改名为“成成中学师生抗日游击队”，12 月，又再次改编为第二战区民族革命战争战地总动员委员会抗日游击第四支队。

这支完全由教师和学生组成的抗日武装队伍在时任校长刘墉如的带领下，投笔从戎，举校从军，走上抗日战场第一线。这支队伍中有父子兵刘墉如、刘海青；兄弟兵焦国鼐、焦国柱，阎焕景、阎焕曜、阎焕春等。参加义勇队的学生最大的十八九岁，最小的十三四岁，他们被誉为中国知识分子的楷模和“抗战初期我国青年运动的一面旗帜”。

图 4-7　成成中学师生抗日游击队纪念碑（作者团队拍摄）

1937 年 11 月，太原沦陷。抗战形势急转直下，成成中学的师生们被迫向晋西北紧急转移。1938 年初，他们随八路军 120 师参加晋西北宁武、五寨等地的战役。1938 年 2 月 9 日，在大队人马开拔前夜，成成中学全体师生在晋西北抗日前线发表了《为号召全国青年参战宣言》：

日本帝国主义在不停地疯狂进攻。自占领我太原、上海、南京后，继续向我武汉、徐州方向进逼，意图夺取我陇海、津浦，控制我华中、华南，进而吞灭我全中国，完成其称雄世界，独霸东亚的迷梦。祖国的危机，已到最后关头，摆在我们面前的，终只是两条路：不是争取抗战的最后胜利，完成我中华民族的自由解放，便是亡国灭种，做日本的永世奴隶！

……

青年朋友们！中华民族的子孙们！我们是年富力强，思想活泼，勇敢不怕牺牲，爱正义，爱和平，爱自由的；我们是反抗奴役、反抗压迫、反抗侵略的，我们的意志是坚定的，心胸是热烈的，我们的力量是伟大的，捍卫祖国的责任是我们的，我们应当为了祖国的生存流最后一滴血！

……

我们高呼，全国青年参加抗战！

此后，成成中学的师生们，跟随八路军挺进内蒙古大青山地区，建立革命根据地。

塞外大青山地区，地形复杂，冬季气候严寒。山西省档案馆保存的1940年12月3日的《新华日报》上，有一篇当年对成成中学校长刘墉如的专访。在专访中，刘墉如说：“冬天我们没有皮衣的指战员，常是买一张羊皮，当中剪一个洞，套到脖子上，再用绳子捆到腰中，腿上再绑两块羊皮，脚、手、耳朵冻坏的颇不乏人。”不仅自然条件恶劣，战斗也异常残酷。1938年，在绥西地区与伪蒙古军战斗中，任四支队连长的阎氏三兄弟中的大哥阎焕景光荣牺牲，年仅24岁；1939年夏天，任四支队排长的二哥阎焕曜，在绥南蛮汗山地区与日寇作战时牺牲，年仅21岁；1942年秋天，年仅22岁的阎焕春也血沃疆场。根据资料，成成中学的抗日队伍从最初的200余人扩充至600余人，经过300余次的战斗，至抗战结束时，幸存不到20人。

青春红色系列数字电影《成成烽火》就生动讲述了成成中学师生投笔从戎、共赴国难的故事。电影开头以采访的形式记录了当年参加抗战成中学生们对战争的回忆。

70多年过去了，曾经的少年如今大都已经与世长辞，仍在世者也已年逾九旬。然而，曾经的热血征程，一如大青山的苍松翠柏，永远长青。

自古英雄出少年，在抗战的英雄谱系里，从来不缺少青春的面孔：

1939年3月，习仲勋的夫人齐心在山西屯留县岗上村的中国人民抗日军政大学第一分校女生队学习，成为一位八路军女战士时，年仅15岁。

在夜袭阳明堡的战斗中，那个侦察细致、布局严密，敢于虎胆掏心，用步兵连干掉敌人24架飞机的八路军第129师769团团长陈锡联，是一位长相稚嫩、被称为“红小鬼”的22岁年轻人。然而，那时的陈锡联已经是有着8年军龄、7年党龄，身经百战、足智多谋的老资格了。

为保护群众转移主动引诱敌人而最终落入日军手中，被残忍杀害的女烈士王光，牺牲时年仅 23 岁。

抗战时期，设伏雁门关、身先士卒的八路军独臂团长贺炳炎，当时年仅 24 岁。

时任八路军第 129 师 386 旅旅长陈赓，1938 年设伏神头岭，毙伤日军 1500 余人；反击长乐村，歼灭敌人 2200 余人，粉碎日军“九路围攻”，最终成长为“开国大将”，当时也只有 35 岁。

左权将军，牺牲时仅 37 岁。

在最美的青春年华，怀抱坚定的理想信念，背负一往无前的勇气，才能赢得国家、民族和人民最美丽的未来。父辈终究会老去，国家的前途、民族的命运、人民的幸福，是中国青年必须和必将承担的重任，需要一代又一代的中国青年将其传承下去。如今的中国青年一定会拿好自己的接力棒，走好自己的长征路。

事实上，不仅在抗战时期，在实现中华民族伟大复兴的每一个阶段，都有青年的身影。航天报国的“北斗”团队、“嫦娥”团队、“神舟”团队，都是由 30 多岁的青年一代组成；在抗击新冠肺炎疫情斗争中，参加抗疫的医务人员中，近一半都是“90 后”“00 后”；在 2020 年抗洪抢险中，大多数义无反顾守护人民生命安全，在无情洪水中负重前行的解放军、武警官兵，都是可爱、温暖的年轻人。他们在一场场没有硝烟的战斗中不怕苦、不畏难、不惧牺牲。他们在创新报国、守护生命、保卫祖国的道路上一路飞奔，用臂膀扛起如山的责任，展现出青春激昂的风采、中华民族的希望，谱写出新时代的青春赞歌！

第四节　热血琴剑，民族鼓号

一、《游击队之歌》

抗战时期，并非仅有连天的战火、艰苦的生活，还有乐观精神下迸发出的旋律和文字，这些文艺作品不断激发和鼓舞着战士和百姓向前奋进。

1937 年的一个寒冷冬夜，在山西洪洞白石村温家大院的一间瓦房内，贺绿汀身披肖华赠送的平型关大捷战利品——一件日军的黄呢大衣，就着一节蜡烛整夜未眠，写下了一首激励中华民族抵御外侮、奋发向上的抗日经典歌曲——《游击队之歌》。

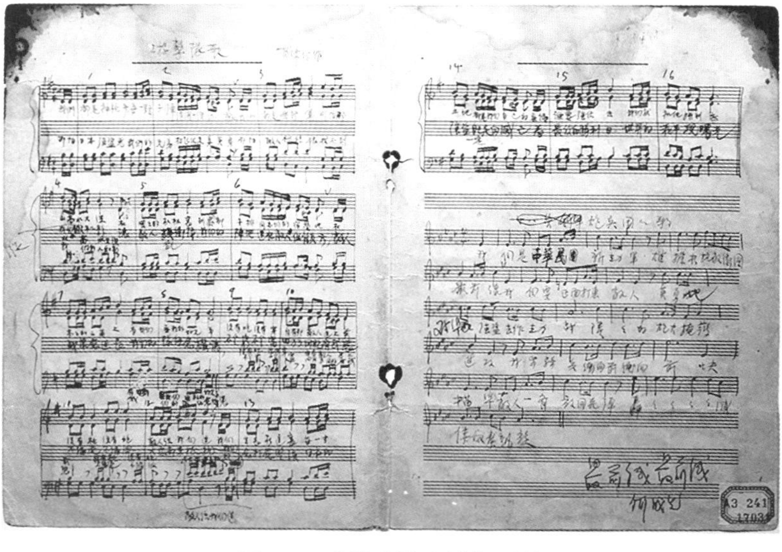

图 4-8 《游击队之歌》手稿

图片来源：http://news.sina.com.cn/o/2021-05-16/doc-ikmyaawc5615305.shtml

温家大院是辛亥革命活动家温寿泉兴建的一所占地1500平方米的大宅子。1936年红军东征时，朱德、聂荣臻、邓小平等著名将领在此驻扎了3个多月。1937年11月，平型关大捷的得胜之师八路军115师主力343、344旅来到白石村。旅部设在温家大院，同年12月，八路军总部随营学校，在邓小平的率领下，也从晋北转移到洪洞，学校校部同样设在温家大院。而八路军总部及朱德司令则驻扎在相邻不远的马牧一带。一时间，小小的洪洞县可谓风云际会，将星云集。恰逢此时，贺绿汀和当时的进步文化人士一起，随着抗日救亡演剧队来到洪洞慰问演出。343旅政委肖华动情地向他们讲述了平型关大捷的胜利过程。当时，与贺绿汀同住一屋、后来成为著名军旅作家的刘白羽在文章中写道："肖华同志以一种战斗姿态出现了，他个头不高，穿着一件灰白色的军棉衣，他扬着一只手臂，高声鼓舞着人们，青春飒爽，朝气蓬勃。刹那，我觉得从他心里发出火、发出光，它们能冲破一切危难和险阻……"

现场听着政委对战役的动情描述，看着一个个战士激昂的神态，贺绿汀深受感动，也因此产生了创作灵感。他将白天看到、听到、想到的都记录了下来，然后蹲坐在土炕上，开始了音乐创作。各种枪声、炮弹声都成为贺绿汀思想中的音乐主旋律，战场上，士兵们奋勇杀敌的画面历历在目，不断地升华着音乐的主题思想。游击队战士乐观积极、勇敢无畏的画面，幻化成曲谱。贺绿汀情绪激动、心潮难平，创作灵感像山泉一样迸发出来，化作火热的音乐旋律流泻在纸上。

油灯里的油干了，灯草也快烧尽了。那富有弹性的小军鼓节奏、轻快活泼的小乐句、对比统一的曲式结构……一首新歌连词带曲，一气呵成，随旭日一同升起。

1938年1月6日，中共中央北方局和八路军总部在山西洪洞高庄召开高级干部会议。在会议后的一个晚会上，贺绿汀指挥上海文化界救亡演剧队首次正式为八路军将士演唱这首《游击队之歌》。当时没有乐器伴奏，也不是后来的四声部混合大合唱，只有欧阳山尊吹着优美响亮的口哨充当伴奏。贺绿汀有力地挥动双臂、打着拍子，全体演剧队员和着拍子，满怀激情地齐声高唱。从那嘹亮的歌声中，大家感受到了一颗颗火热跳动的心。歌声穿透密林、高山，与神枪手一起消灭敌人。在场的所有人都被这首歌曲时而铿锵有力，时而愉快活泼的旋律和歌词深深打动。当演唱结束时，现场爆发出阵阵雷鸣般的掌声。演出结束后，朱德总司令赞扬这首歌“写得好”。不久后，这首歌便在华北各敌后抗日根据地传唱开来，且迅速流传到了全国各地的抗日战场。

二、《吕梁英雄传》

要想完整、真实、全面地记录抗战岁月，文学作品当仁不让。我国与抗战有关的文学作品非常丰富，内容多歌颂中国共产党英勇无畏、红军战士、抗日军民不屈不挠等民族精神。从这些文学作品中，我们也能看到华夏子民必胜的信念以及坚强不屈的性格。长篇小说《吕梁英雄传》是由两位著名的山西籍作家马烽、西戎创作，小说的主要内容是：主人公康家寨村民在共产党的正确领导下，完成了对鬼子的一次又一次反抗，最终取得了胜利。这部小说是以“抗日战争”为题材的首部文学作品，也是在那个战火时代发表的第一部小说作品。

图 4–9　西戎（左）和马烽（右）

图片来源：https://www.sohu.com/a/164854982_99939932

马烽，山西省孝义市居义村人。当年年仅 16 岁的马烽就凭借其对革命的满腔热情，成为抗日游击队的一名成员。马烽是一个多才多艺的年轻人，他不仅文字功底好，而且擅长绘画。因此，他在加入游击队之后，主要负责队中的宣传工作。后因队伍需要，被调配到了太行山、吕梁山一带。

1940 年冬，马烽被安排到延安鲁迅艺术学院附设的部队艺术干部训练班学习深造。学习期间，他常与鲁艺文学系的同学讨论中国新文学作品和外国文学名著，开阔了视野，增长了知识，并开始尝试练笔写作。他根据自己熟悉的战斗故事给墙报写了一篇题为《第一次侦察》的稿件，后来被《解放日报》副刊发表，成为马烽在文学道路上迈出的第一步。

西戎，山西蒲县西坡村人。在堂兄的影响下，西戎阅读了鲁迅的小说《呐喊》，接触了《三国演义》《水浒传》和《西游记》等古典小说，由此爱上了文学。1936 年春，红军东渡到了西坡村。这支讲抗日道理、唱革命歌曲、写抗日标语的人民军队，对西戎产生了强烈的吸引力。他想参军，但苦于年龄小、个头矮，未能如愿。当蒲县成立以“抗日救国”为宗旨的牺牲救国同盟会（简称牺盟会）时，西戎便放弃学业，毅然参加县牺盟会工作团，从此走上了革命道路。后来，西戎随团转移来到延安，进入延安鲁艺学习。二人都曾在《晋绥大众报》任职，才有了共同创作《吕梁英雄传》的机会。

在抗日战争中，晋绥边区人民热烈拥护中国共产党和抗日民主政府的领导，许多热血男儿踊跃参加八路军或者民兵。这些民兵平时在家生产，抽空练兵习武；战时便拿起武器同敌人战斗，保护群众，并且配合主力部队作战。他们忠实地贯彻执行了毛泽东主席关于“把敌人挤出去”的战略方针，创造了各种战法，实行了“劳武结合”，粉碎了敌人的“蚕食政策”“怀柔政策”“三光政策”以及数次“强化治安”，挤得敌人统治区日益缩小，由面变成线，由线变成孤立的据点，而晋绥解放区却被保卫得如铜墙铁壁般。在机动灵活、形式多样的民兵抗日游击战中，民兵英雄如雨后春笋般不断涌现。作为和吕梁山区人民群众一块战斗、共同生活过几年的马烽、西戎耳闻目睹了许多英雄人物的先进事迹，深受感动，内心总有一种难以遏制的强烈创作欲望。

1945年春，晋绥边区召开第四届群英大会，表彰抗日战争期间涌现出的124位民兵英雄。其中有神枪手、破击英雄、锄奸模范，等等。大会结束后，《晋绥大众报》原本准备一一介绍这些英雄人物，但由于版面不足以承载如此多的英雄事迹，且会耗费大量时间。因此，当时负责报道工作的马烽和西戎建议把这些民兵英雄们的典型材料整合在一起，以《吕梁英雄传》为题，写成通俗小说在报上连载。之后，马烽、西戎两人开始了资料的收集和汇总，一起讨论了框架思路，他们分工明确，各司其职。1945年6月5日，两人合作的成果终于登上了《晋绥大众报》，一个礼拜更新一个回合，到1946年8月20日结束连载，共计95个回合。同年4月，两位作者修改整理了前37回，由吕梁文化教育出版社出版了《吕梁英雄传》单行本（上册）。1949年初，他们又集中一段时间对《吕梁英雄传》全书进行修改，将95回压缩到80回，共28万字，于当年10月由北京新华书店收入《中国人民文艺丛书》出版发行。

《吕梁英雄传》以山西吕梁山区的普通山村康家寨为叙事切入点，颂扬了吕梁人民的血染风采，在困难面前不弯腰、在强敌面前不低头、顽强不屈的民族精神。在血雨腥风的战争中，普通的百姓、平凡的儿女担负起了挽大厦于将倾的救亡责任，是中国共产党领导下的吕梁、山西、华北敌后抗日根据地，乃至全民族抗战的真实写照和微缩景观。

《吕梁英雄传》塑造的既不是力拔山兮的勇士，也不是智计绝伦的谋士，而是奋起斗争、保家卫国的一群普通的民兵，是“英雄”。他们平日里拿着锄头、农具搞生产，战时拿起武器与敌人作战。这些没有超凡能力，偶尔有些好酒贪杯、逞气斗狠的小毛病的民兵英雄，却因其真实可爱的性格令群众倍感亲切。

1945 年 6 月 5 日《吕梁英雄传》问世后，便立即受到群众的喜爱，这部小说在当时的火热程度可与今天的畅销书媲美。大家围坐在一起阅读，许多识字的人把阅读这部小说当作一件重要的事情，不识字的就围坐在一起请识字的人朗读。一时间，故事中的民兵英雄雷石柱、孟二愣和武得民等，成为晋绥边区家喻户晓、妇孺皆知的人物。当时，连载《吕梁英雄传》的《晋绥大众报》的发行量也以四五千份逐月上升，很快就翻了一倍。1946 年，周恩来率中共代表团到重庆进行国共和谈时，把《吕梁英雄传》的单行本（上册）也带去了，在国统区的文艺界人士中引起了热烈反响。

《吕梁英雄传》因真实生动地将抗日战争中的各种形象，包括领导、指挥者、战士、民众描写得绘声绘色，对民众起到了很好的鼓舞作用，也极大地提高和巩固了共产党和八路军在人民心中的地位，从而成为我国现代文学史上解放区第一部反映全民族抗日的长篇小说，堪称文学史诗。

中国人民抗日战争胜利，是近代以来中国抗击外敌入侵的第一次完全胜利。面对强敌的入侵，千千万万的抗战英雄前仆后继、顽强抗争，奏响了无数气壮山河的英雄凯歌。抗战中，八路军浴血奋战在巍巍太行山上，用生命、鲜血和钢铁般的斗志，依托有利地形，且依靠广大人民群众的拥护与支持，同侵华日寇展开殊死搏斗。在极其艰难、复杂、曲折、险恶的斗争环境中，培养、锻炼了一大批治党、治国、治军的文武英才，形成了难能可贵的太行精神。这份太行精神伴随着时代的发展被太行儿女继续传承延续着。

第五节　家国情怀，永不遗忘

本节故事的主人公是一个愿意将知心话说与母亲的儿子、一位体贴入微的丈夫、一位舐犊情深的父亲，一位足智多谋、叱咤风云的指挥官，更是一位拼尽热血卫吾华的大将军，他就是左权。

左权年少离家，投身军旅，戎马倥偬，南征北战十余年，无暇回老家看望母亲，只能在挥刀立马之余，写封家书以表思念之情。

母亲：

亡国奴的确不好当，在被日寇占领的区域内，日（本）人大肆屠杀、奸淫掳抢、烧房子……实在痛心。日寇不仅要亡我之国，并要灭我之种，亡国灭种惨祸，已（降）临到每一个中国人民的头上。

现全国抗日战争，已进到一个严重的关头，华北、淞沪抗战，均遭挫败，但我们共产党主张救国良策，仍不能实现。眼见得抗战的失败，不是中国军队打不得，不是我们的武器不好，不是我们的军队少，而是战略战术上指挥的错误，是政府政策上的错误，不肯开放民主，怕武装民众……我们曾一再向政府建议，并提出改善良策，他们都不能接受。这确是中国抗战的危机，如不能改善上述这些缺点与错误，抗战的前途，是黑暗的、悲惨的。

我们不管怎样，我们是要坚持到底，我们不断督促政府逐渐改变其政策，接受我们的办法，改善军队，改善指挥，改善作战方法。现在政府迁都了，湖南成了军事政治的重地，我很希望湖南的民众大大觉醒，兴奋起来，组织武装起来，成为民族解放自由战争中一支强有力的力量。因为湖南的民众，素来是很顽强的，在革命的事业上，是有光荣历史的。

我军在西北的战场上，不仅取得光荣的战绩，山西的民众，整个华北的民众，对我军极表好感，他们都唤着“八路军是我们的救星”。我们也决心与华北人民共艰苦、共生死。不管敌人怎样进攻，我们准备（坚决）不回到黄河南岸来。我们改编为国民革命军后，当局对我们仍然是苛刻，但我全军将士，都有一个决心，为了民族国家的利益，过去没有一个铜板，现在仍然是没有一个铜板，准备将来也不要一个铜板，过去吃过草，准备还吃草。母亲！你好吗？家里的人都好吗？我时刻纪（记）念着！

敬祝，福安

男　自林

十二月三日　于洪洞

1939 年 4 月 16 日，左权与刘志兰在山西潞城县北村结婚，次年 5 月生下女儿左太北。随着战争的残酷和形势的严峻，1940 年 8 月 30 日，左权把妻子和女儿送往延安，分别之前，三人合了张影，当时女儿不满百日。万万没想到，这次分别竟是左权与爱妻、幼女的诀别。

图 4–10　左权全家福

图片来源：https://www.yidianzixun.com/article/0LbsKKp1

5 月 24 日，八路军总部机关开始转移，左权亲自率 129 师及警卫连部署突围计划，在突围中，由于后勤部门对形势估计不足，几千人马阻滞在山西河北交界的十字岭，日军发现了目标，从四面合围，步步紧逼。左权命令作战科长及警卫连长护送彭德怀副总司令转移至安全地带，自己坚持指挥突围。在总部机关和老百姓转移完毕后，左权掩护部队冲向敌人最后一道封锁线时，一颗炮弹在他身边爆炸，八路军卓越的将领左权将军壮烈牺牲，年仅 37 岁。

左权将军牺牲的消息，震动华北大地。噩耗传到延安，中共中央领导人十分悲痛。毛泽东、朱德、叶剑英手持电稿，默默致哀。毛泽东给彭德怀发来电报："感日 5 时电悉。总部被袭，左权阵亡殊深哀悼……"

朱德对左权的牺牲极感痛惜，挥泪写下悼诗赠给左权妻子刘志兰，以志哀思：

名将以身殉国家，愿拼热血卫吾华，

太行浩气传千古，留得清漳吐血花。

为了永久纪念在辽县清漳河畔殉国的八路军副参谋长左权将军，将辽县更名为左权县。

“哪有什么岁月静好，不过是有人替你负重前行。”时至今日，我们拥有的平静和安宁，都是老兵和逝去的勇士们，用血肉之躯奠定的不朽根基。

据统计，8 年抗战中，以山西为中心的晋察冀、晋绥、晋冀鲁豫抗日根据地的军民歼灭日伪军 66 万人。其中，仅在山西境内由八路军主力和各地地方武装及民兵进行的 70 次著名战役中，歼灭日军近 7 万人，占侵入华北日军总数 22 万人的 31.8%。八路军 3 个主力师，由战争开始时的 3 万余人发展到百万大军。上述 3 个根据地民兵发展到 110 万人。同时，山西人民作出了重大牺牲。抗战时期，在山西各种惨案中伤亡群众与国共两军抗日将士伤亡之和达 300 万人。其中，有我们所熟知的、课程中学习过的、史书中介绍过的，还有很多抗日英雄，他们血染黄土高原，魂归三晋大地，却没有留下姓名。他们没有活到胜利的那一天，未来得及评功、授勋、授衔，或是树碑立传，也没有机会返回家乡光宗耀祖。他们穿着褴褛的军装，带着满身战火硝烟，消失在历史帷幕后面。当然，也有很多抗战勇士幸运地活了下来。然而，随着岁月的流逝，那些躲过疯狂围剿、狂轰滥炸、枪林弹雨的勇士，终究没有躲过时间，他们渐渐老去。一位老兵曾说：“我们不怕死亡，我们怕被遗忘！”更准确地说，他们不是害怕自己被人遗忘，只是希望那段艰苦卓绝的岁月不要被人遗忘。

2005 年，在纪念抗日战争胜利 60 周年时，左权将军唯一的女儿左太北曾在《人民日报》发表了一篇署名文章《砖壁村我的家》。文中提到："我生在太行山，我和爸爸、妈妈在一起的第一个家在山西省武乡县砖壁村，住在村东的奶奶庙里。我曾多次回砖壁奶奶庙，去瞻仰父母的小屋我的家。屋里挂着我们唯一的全家福照片，我坐在床上就感觉回到了家。"

铭记那段历史，并不是为了记住仇恨，而是为了向往和平，传承精神。在艰苦卓绝的抗日战争中，山西军民作出了巨大的牺牲，铸就了不怕牺牲、敢于胜利、艰苦奋斗、无私奉献的太行精神，作为中国共产党和中华民族抗战精神的重要组成部分，强有力地推动了中华民族的独立和解放事业的发展。在国家富强、民族复兴的今天，我们依然要传承这份精神，在新时代新征程上留下无悔的奋斗足迹。

拓展阅读：

千古永垂的抗日名将——左权[①]

左权（1905—1942），原名左纪权，曾用名字林或自林，号

① 资料来源：（1）《三晋英模》［C］，山西教育出版社，2019-8（2）《山西革命烈士家书》［C］，山西教育出版社，2019-08（3）白续宏、张谦《左权：浩气传千古 精神励后人》，《山西日报》［N］，2018-04-23 （4）《左权：太行浩气传千古（家风家训）》，人民网—人民日报海外版［N］，2022-10-25

叔仁，湖南醴陵人。1925 年 1 月，加入中国共产党，同年 11 月黄埔军校第一期毕业后赴苏联，先后在莫斯科中山大学和伏龙芝军事学院学习。1930 年回国到中央苏区工作，参加了开辟中央苏区和五次反“围剿”作战。红军长征到达陕北后，参加了直罗镇和东征战役。1936 年 5 月，任红一军团代理军团长，率部参加西征和山城堡战役。抗日战争全面爆发后，任八路军副参谋长、八路军前方总指挥部参谋长等职。协助朱德、彭德怀指挥八路军开赴华北抗日前线，开展敌后游击战争。1942 年 5 月 25 日，在山西辽县十字岭，指挥部队掩护中共中央北方局和八路军总部等机关突围转移的战斗中，不幸壮烈牺牲，年仅 37 岁。

熊熊战火中的杰出指挥

作为八路军副参谋长、八路军前方总指挥部参谋长，左权足智多谋、纵横驰骋，具有杰出的指挥作战能力。

抗日战争期间，他曾迂回设伏，以 200 余人的兵力，与千余日军激战四昼夜，打赢了府城大道阻击战。

那是 1938 年 2 月 20 日，左权和朱德率领八路军总部机关和特务团第二营由山西省临汾地区洪洞县马牧村向东转进至安泽县府城镇时，我军只有一个营和一个骑兵排，与日军 108 师团 104 旅团主力遭遇，沿线的百姓和军政机关完全暴露在日军面前。

虽然敌强我弱，但为了保护老百姓和地方政府转移，左权开始排兵布阵，他将手里不多的兵力设置成两道防线：一个连布置在安泽、屯留交界的“三不管”岭，组成第一道防线；其他两个连放在府城以东的对口店、郭都岭一带，布置成第二道防线。朱德对安泽县县长邓肇祥说：“我带的队伍不多，全部用上了。你不是还有点自卫队吗？交给左参谋长去指挥吧，他很有办法。”一切部署妥当后，左权命令警卫员护送朱德去第二道防线，自己带两个作战参谋和一个骑兵班亲临第一道防线指挥。

战斗开始，敌人先是用飞机侦察轰炸，接着用大炮炮击，最后是士兵持枪冲锋。左权命部下既不反冲锋也不放弃阵地，敌人靠近时就甩手榴弹杀敌。战士们纷纷像参加比赛似的，在比看谁的手榴弹投得多、投得准，一个连的兵力就这样坚持了一白天。夜幕降临，日军在山脚下燃起大火，以为我军会放弃阵地追击。左权却反其道而行之，果断命令部队后撤。

23日上午，日军进到府城以东强渡沁河。左权命部队猛烈射击，封锁河面。日军连续3次冲锋却未能前进一步。日军又改用“钳击”战术，佯攻对口店、郭都岭一带，主力则分两路夹击府城。左权将一部分兵力拆成小股，分头袭扰夹攻府城的日军。直到太阳落山，敌人才扑进了空城。第二天，左权集中身边仅有的3个连的兵力，采取迂回战术，伏击了敌军的辎重部队。四天三夜的府城大道阻击战，凭借着左权的指挥，共毙伤敌军300余人，击毁运输车80多辆，缴获大批枪支弹药、数百包军衣、军毯及食品。打击了敌人，保护了当地的老百姓，沿途415个村庄没有一人遭日军杀害，粉碎了日军妄图歼灭山西境内中国军队的企图。

1938年4月，他参与筹划、指挥八路军在晋东南地区粉碎日军的“九路围攻”，巩固、扩大了晋东南抗日根据地。在朱德、彭德怀先后回延安参加中共六届六中全会期间，左权受命主持八路军总部的工作。他根据中央军委和朱德、彭德怀的指示，指挥八路军粉碎日军对晋察冀抗日根据地的大举围攻，进一步巩固了晋察冀抗日根据地。在太行抗日根据地，左权为八路军司令部建设做出突出贡献。1940年8月，他协助彭德怀指挥八路军在华北敌后发动震惊中外的百团大战，沉重地打击了日军的“囚笼”政策，遏制了国民党的投降逆流，振奋了全国人民争取抗战胜利的信心。1940年10月底，左权以“紧咬牛筋不松口”战术打赢关家垴歼灭战。1939—1941年，左权还撰写了《论坚持华北抗战》《埋伏战术》《袭击战术》《战术问题》《论军事思想的原理》等40多篇文章。

滚滚硝烟中的整体部署

作为八路军副参谋长、八路军前方总指挥部参谋长，左权高瞻远瞩、统筹协调，具有卓越的军事工作能力。

1939年年初，日军逐步向太行山地区延伸力量，晋东南地区形势日益紧张，朱德指示将榆社县韩庄村的兵工修械所搬迁，寻找更为安全的地方扩建。

为尽快选定新址，左权带领参谋和技术人员，深入太行山区勘察，发现黎城县境内黄崖洞非常适宜建造兵工厂。回到八路军总部后，他取出勘察时所做的记录和草图，胸有成竹地汇报：“在黄崖洞中驻军，在水窑山山谷建设厂区。工厂打算造12

栋房子，总建筑面积约6000平方米。最大的钳工房1000平方米，两层结构，楼下生产，楼上住人。建筑材料就地取材。”

在左权组织下，黄崖洞兵工厂的筹建工作紧锣密鼓地开展起来。然而，此时，日军纠集5万多兵力，对晋东南根据地发动第二次九路围攻。7月6日，日军侵占沁县、武乡、辽县等县城后，分路向榆社地区合击，军工部和总部修械所面临被日军包围和摧毁的危险。

左权立即命令军工部和修械所迅速向黎城县黄崖洞搬迁。军工部和修械所全体干部、职工立刻行动，迅速将机器工具全部拆卸，并冒着连日大雨向黄崖洞方向转移。从榆社县韩庄到黎城县黄崖洞，相距100余里，既要走起伏不平的盘山小路，又要涉水流湍急的浊漳河道，而且大量笨重的设备器材全靠肩扛人抬。在广大共产党员的带动影响下，全所人员克服重重困难，在很短时间将设备安全转运到黄崖洞。

至此，左权组织的八路军在山西省黎城县创建的规模最大的兵工厂全部投入生产运行。他还着手解决了非生产人员较多、组织机构不够合理、材料运输有浪费现象等问题，使工厂生产管理更趋科学化，大大提高了生产效率。

此外，1938年12月和1939年6月，左权先后主持召开八路军晋东南部队参谋长会议和参谋工作会议，制定并完善八路军各级司令部暂行工作条例，健全司令部工作机构。同时，为提高部队的军政素质，从1939年起，他先后三次协助八路军总部组织整军，为八路军的发展壮大奠定了坚实的基础。敌后抗战进入严重困难阶段后，他协助彭德怀领导抗日根据地军民积极响应中共中央、中央军委的号召，展开大规模的生产自救运动和精兵简政工作，为根据地军民渡过难关做出卓越贡献。这也充分展现了左权卓越的军事工作能力。

…………

浓浓深情中的无限寄托

作为八路军副参谋长、八路军前方总指挥部参谋长，左权体贴入微、舐犊情深，具有浓厚的家国情怀。

1939 年 4 月 16 日，左权与刘志兰在山西潞城县北村结婚，次年 5 月生下女儿左太北。随着战争的残酷和形势的严峻，1940 年 8 月 30 日，左权把妻子和女儿送往延安，分别之前合了张影。得知妻子和女儿平安到达延安，左权于 1940 年 11 月 12 日给妻子写了第一封信。直到 21 个月后牺牲，他一共给妻子写了 12 封信，其中有一封遗失了，保存下来 11 封，共 1.6 万字。在这些家书中给人印象最深的就是他对妻子和女儿深深的爱恋，他的每一封家书都用较大的篇幅来问候妻子和女儿，或表达思念或表达关切，从学习、工作到衣食、冷暖，可谓无微不至，细腻深情。有多少个日子，在昏黄的油灯下，左权洗去一天的征尘，看着桌旁一家三口的照片，心绪难平。遂铺开信纸，奋笔疾书……一家三口本该享受的天伦之乐，却被残酷的战争无情地阻隔，只能靠这薄薄的信纸倾诉衷肠。

志兰：

借江明同志回延安之便，再带给你十几个字。

乔迁同志那批过路的人，在几天前已安全通过敌之封锁线了，很快可以到达延安，想不久你可看到我的信。

希特勒“春季攻势”作战已爆发，这将影响日寇行动及我国国内局势，国内局势将如何变迁不久或可明朗化了。

我担心着你及北北，你入学后望能好好地恢复身体，有暇时多去看看太北，小孩子（是）极须（需）人照顾的。

此间一切如常，惟生活则较前艰难多了，部队如不生产则简直不能维持。我也种了四五十棵洋姜，还有二十棵西红柿，长得还不坏。今年没有种花，也很少打球。每日除照常工作外，休息时玩玩扑克与斗牛。志林很爱玩排（牌），晚饭后经常找我打扑克，他的身体很好，工作也不坏。

想来太北长得更高了，懂得很多事了，她在保育院情形如何？你是否能经常去看她？来信时希多报道太北的一切。在闲游与独坐中，有时总仿佛有你及北北与我在一块玩着、谈着，特别是北北非常调皮，一时在地下，一时爬（趴）在妈妈怀里，又由妈妈怀里转到爸爸怀里来闹个不休，真是快乐。可惜三个人分在三处，假如在一块的话，真痛快极了。

重复说我虽如此爱太北，但是时局有变，你可大胆按情处理太北的问题，不必顾及我。一切以不再多给你受累，不再多妨碍你的学习及妨碍必要时之行动为原则。

志兰！亲爱的：别时容易见时难，分离廿一个月了，何日相聚？念、念、念、念！愿在党的整顿之风下各自努力，力求进步吧！以进步来安慰自己，以进步来酬报别后衷情。

不多谈了，祝你好！

有便多写信给我。敌人又自本区开始扫荡，明日准备搬家了。拟托孙仪之同志带之信未交出，一同付你。

叔仁

五月二十二日晚

这封家书是1942年5月22日晚，左权将军壮烈殉国前三天写给爱妻刘志兰的最后一封信。纸短情长，拳拳赤子的家国情怀力透纸背，清晰可见。在亲情、友情、爱情和革命事业、民族大义之间，毅然决然地做出了壮烈的人生抉择。

扫描下方二维码
了解更多三晋故事

5月24日，八路军总部机关开始转移，左权亲自率129师及警卫连部署突围计划，在突围中，由于后勤部门对形势估计不足使几千人马阻滞在山西河北交界的十字岭，日军发现了目标，从四面合围，步步紧逼。左权命令作战科长及警卫连长护送彭德怀副总司令转移至安全地带，自己坚持指挥突围。在总部机关和老百姓转移完毕、掩护部队冲向敌人最后一道封锁线时，一颗炮弹在左权身边爆炸，八路军卓越的将领左权将军壮烈牺牲，时年37岁。

左权将军牺牲的消息，震动华北大地。噩耗传到延安，中共中央领导人十分悲痛。毛泽东、朱德、叶剑英手持电稿，默默致哀。毛泽东给彭德怀发来电报：“感日5时电悉。总部被袭，左权阵亡殊深哀悼……”

朱德对左权的牺牲极感痛惜，挥泪写下悼诗赠给左权妻子刘志兰，以志哀思：

名将以身殉国家，愿拼热血卫吾华，
太行浩气传千古，留得清漳吐血花。

为了永久纪念在辽县清漳河畔殉国的八路军副参谋长左权将军，将辽县更名为左权县。

“爸爸，那张照片我一直珍藏着。看，在爸爸怀里的我笑得有多开心、多快活。出生不满100天的小孩，哪里知道这竟是和您的生离死别呢……”这是左权唯一的女儿左太北在“写给亲爱的爸爸妈妈”当中的一段话。1982年5月，左太北接收了这批珍贵的家书，从这些信的字里行间体会到父亲多么爱她！每每谈起父亲，左太北的心情都是不平静的。“我真切地感到，父亲深深地爱着我们母女。如果没有日本帝国主义发动侵略战争，我们将是多么幸福的一家啊！”这位富有爱心、情感细腻丰富的父亲不仅是左太北心中，更是我们心中永远的拼尽热血卫吾华的民族英雄！

[线上作业布置]

1. 如果你是平型关战役的指挥官，你会怎样排兵布阵、指挥作战？

2. 请结合本章所学，谈谈你对抗日战争的认识。

[线下翻转课堂]

1. 结合学生线上提问及作业完成情况，进一步讲解本章重难点内容。

2. 以“办法总比困难多”为主题开展游戏，让学生在游戏中感受遇到的困难并寻找解决问题的方案，培养团队意识，并将感悟进行分享。

［课后作业］

1. 完成线上答题与章节测试题目。

2. 结合见面课的讨论，进一步思考生活中遇到的困难并寻找解决方案。

［课程思政要点］

通过中国共产党领导英雄的太行军民用鲜血和生命书写的壮美抗战故事，带学生领悟不怕牺牲、敢于胜利、艰苦奋斗、无私奉献的太行精神、抗战精神，以及爱国主义精神。

［本章总结］

在艰苦卓绝的抗日战争中，中国共产党领导英勇的太行军民用鲜血和生命谱写出一个个壮美故事。他们铸就了不怕牺牲、敢于胜利、艰苦奋斗、无私奉献的太行精神，作为中国共产党和中华民族抗战精神的重要组成部分，强有力地推动了中华民族的独立和解放事业的发展。在国家富强、民族复兴的今天，我们依然要传承这份精神，在新时代新征程上留下无悔的奋斗足迹。

第五章

鏖战上党：解放战争的运筹帷幄

[教学目的和任务]

1. 了解上党战役的背景、过程以及战役胜利的原因。

2. 理解上党战役在特定历史背景下的特殊意义。

3. 掌握太行精神的深刻内涵。

[重点与难点]

1. 当代大学生应如何面对并战胜人生中的困境。

2. 当代大学生应如何树立正确的人生观。

3. 与时俱进地理解太行精神的现实意义。

[线上讲授内容]

巍巍太行，撑起了中华民族的脊梁。三晋大地，见证了华夏儿女的顽强。山西，不仅是抗日战争时期的敌后主战场，也是解放战争时期的阵前急先锋。位于山西东南部的晋察冀根据地军民，在经历了艰苦抗战的烽火磨砺之后，成长为人民军队的核心力量。正是这股力量，开启了新中国全面解放的篇章。

太行山西侧的长治，古称上党，是一块地势险要的高地。加上周围被太岳山脉、王屋山、中条山、太行山脉、五云山、八赋岭等高山环绕，自古以来就是兵家必争之地。战国时期著名的长平之战，就是秦、赵两国为了上党的归属而爆发的。抗日战争爆发后，八路军 129 师在刘伯承和邓小平的率领下东渡黄河，在这里开辟了敌后抗日革命根据地，属于晋冀鲁豫解放区。上党地区不仅是抗日战争中敌后的主战场，更是解放战争第一战的爆发地。

扫描下方二维码
了解更多三晋故事

1945 年 8 月 27 日至 10 月 12 日，在晋冀鲁豫军区刘伯承司令员、邓小平政委的领导和指挥下，太行、太岳、冀南三大军区主力 31000 余名指战员，经历了解放长治外围五座县城、合围长治消灭援敌、解放长治追歼逃敌三个阶段，歼灭阎锡山部精锐 33000 多人，解放上党六城，取得了重大胜利。这次战役就是上党战役，它不仅是解放战争时期我军进行的第一个较大规模的歼灭战，更预示着解放战争中，国共两党军队的不同走向。

第一节　复杂背景下的政治抉择

一、美苏角力之下的中国战场

第二次世界大战结束后，美苏争霸成为国际社会地缘政治的主流。出于对抗苏联的需要，对华政策成了当时的美国政府非常重要的战略之一。作为一直以“自由世界”领袖自居的美国来说，反对国际共产主义运动是维护其国家利益的主要手段。中国共产党被视为苏联对外扩张的工具，是美国实现其在华利益的最大障碍。由此，时任美国总统的杜鲁门采取了支持蒋介石、与中国革命和人民为敌的策略。战争刚一结束，美国就极力协助国民党政府接收尽可能多的日本占领区。1945年8月15日，杜鲁门发布了“一号通令”，这成为美国指导中国受降的基本原则。通令规定，留在东北的日军要向苏联投降，除此之外的其他在华日军应向国民政府投降。通令还要求以“异乎寻常的步骤”，“利用日本军队阻止共产党人”。美军还通过飞机和军舰，大力帮助国民党军队抢占华东、华北及东北，其目的就是防止中国共产党在受降过程中获得更多的活动空间。美国海军陆战队迅速开赴北平、天津、秦皇岛、青岛等地，替国民党抢占和守卫战略要地。而在美军和蒋军一时都不能到达的地方，则由日伪军组成所谓的“卫戍部队”，阻挠人民军队受降。美国的目的，就是扶植一个亲美反苏的中国政府，防止中国革命进一步发展，以此来抵制苏联在中国有可能扩大的影响力。但是，当时的美国政府并不希望国民政府公然发动反共内战。它的想法，是希望国民党进行一些“民主改革”，以一部分政府职位，换取中国共产党交出军队，进而撤销共产党领导的独立政府。这样就能以很小的代价使得国民党控制全中国。为此，美国一方面“约束”国民党，一方面加强国民党，以便在共产党不肯就范时帮助国民党消灭共产党。

面对美国的策略，斯大林致电中共中央，直言如果内战爆发，中华民族就有毁灭的可能。他邀请中国共产党派负责人前往莫斯科，讨论中国形势。在电话中，他表示不赞成中国共产党发动起义，认为寻求与蒋介石的暂行协议才是正确的道路。他建议中国共产党解散军队，加入国民政府。

二、重庆谈判背后的战争与和平

抗日战争结束后，民众强烈要求和平，国民党如果掀起全面内战，会面临很大的困难。蒋介石认为，在战后的国际舆论中，国民政府被描述为法西斯。迫于这种压力，再加上需要时间把远在西南、西北的主力部队调到内战前线，在内战部署尚未完成的时候，蒋介石产生了以所谓“和平”方式“统一”中国的想法。他接受美国建议，于1945年8月14日、20日、23日三次电邀毛泽东，前往重庆举行和平谈判。与之同步进行的是国民党军队的频繁调动。1945年8月下旬，为了夺取东北、热河、察哈尔，打通华北各条交通线，国民党调动先头部队开赴华北。蒋介石命令第一战区胡宗南所部十六军进抵山西运城以南，做好沿同蒲路北进的准备；第十一战区孙连仲所部三个军于郑州、洛阳地区集结，做好沿平汉路北进的准备；第十战区李品仙部借道安徽阜阳、太和等地向徐州开拔，准备沿津浦路北上；第十二战区傅作义部先后攻占归绥、集宁两城，之后沿平绥路向察哈尔进攻。国民党作出上述部署，战略目的是使四路大军集中于平、津、张地区，并以此作为兵员和补给基地，分别经北宁线与热河进入东北。在四路蒋军沿四条交通线出动之前，抗战时期盘踞晋西北的国民党第二战区司令官阎锡山已经派出麾下的第十九军军长史泽波，率兵以受降为名侵占了以长治为中心的上党六城。8月30日，阎军主力部队又在日伪军掩护接应下，接收了太原。

面对蒋介石和国民党军队阳奉阴违、咄咄逼人的态度，中共中央谨慎地进行了形势研判。当时的情况是，和平是国际国内的众望所归，两党的军事力量对比也有明显的强弱之分。鉴于客观形势和主观力量的对比，我党制定了争取和平民主、准备自卫战争的基本方针，而且，把工作重点放在了“打”上。8月24日，毛泽东主席回复蒋介石，表达了望与之会面、共商和平大计的意愿。与此同时，中共中央致电各战区：和平局面可能会出现，但必须意识到局部内战不可避免。国民党政府和军队会动用一切力量来抢夺人民的抗日胜利果实。因此，他们会向我们某些地区发动进攻。如果我们一味退让，他们就会得寸进尺。这样不仅不能制止这种局部内战，还会贻害无穷。所以，必须把他们打击出去，打是为了争取和平。只有狠狠打击进攻解放区的军队，和平才有可能真正到来。中央强调，我们为了“巩固抗战果实，制止内战扩大，争取和平，并为谈判做后盾，这样的仗必须打，而且必须打胜”。8月25日，晋冀鲁豫军区刘伯承、邓小平等同志从延安飞返上党，毛泽东在送行时叮嘱道：“你们回到前方去，放手打就是了，不要担心我在重庆的安全问题，你们打得越好，我越安全，谈得越好。”

第二节　围城打援中的生死对决

上党战役自1945年9月10日正式发起至10月12日结束，共计33天，分为三个阶段。

一、第一阶段（9月10日至10月6日）：解放长治外围县城

9月12日，八路军以太行纵队攻打屯留，同时派出太岳、冀南两个纵队隐蔽在长治至屯留的公路两侧，准备伏击长治方向来的援兵；太行军区派出两个团及一部分地方武装，在长治东北山地隐蔽，准备截断由长治出动的敌人援兵后路；太行、太岳四个团、四个独立营负责监视长子之敌，其主力部队随时准备投入歼击长治援兵的作战；潞城之敌由潞城独立营及民兵一部监视，以地方武装围困壶关。战斗打响后，敌人不出所料地从长治城出援屯留。但是由于我方埋伏的部队过早暴露，敌人又退回长治。打援无望，我军于12日攻克屯留，全歼守敌。17—19日，又连克潞城、壶关、长子。至此，八路军接连拿下连同襄垣在内的五个县城。退守不出的长治敌军陷入孤立无援的状态。

二、第二阶段（9月20日至10月7日）：合围长治消灭援敌

阎锡山的部队擅长防守，依托长治城的坚固工事布防严密，我军又缺乏重炮，一味强攻会有很大伤亡。所以，我军进攻时，集中兵力猛攻东、南、西三面，故意留下了长治城的北门，意在迫使敌人从北门出逃，方便我军在运动战中将其歼灭。战斗进行到9月24日，我军已经占领了长治城多处要点，但是守城敌军还在负隅顽抗，企图等待从太原派出的援军。其实我军早已做好了围点打援的准备。10月2日，我军在老爷山、西洼、

磨盘垴至榆林地区将敌人援军包围。10月6日，我军攻占老爷山主峰，迫使敌人连夜向北突围，又被我军追击得溃不成军。战斗进行到17日，我军基本消灭了阎锡山从太原派出的援助长治之敌，只有约2000人逃回沁县。

三、第三阶段（10月8至12日）：解放长治追歼逃敌

敌军十九军军长史泽波部乘我军向北追歼逃敌之际，率部于8日开始突围。他选择由长治向西南方向逃窜，意图是横穿太岳区逃回浮山。刘、邓两位首长果断命令围攻长治的太岳纵队跟踪追击，同时命令太岳军区基干团队、地方武装、民兵沿途截击。在将军岭、桃川一带，我军堵截住了史泽波及其所部三个步兵师及一个山炮营共万余人。激战至11日下午，逃敌主力被全歼，史泽波被俘。

上党战役是我军在解放战争时期以少胜多、以劣势装备对优势装备之敌所取得的第一个重大胜利。我军以自卫反击为立场，回击了阎军向解放区的进攻，一举夺回了包括长治、襄垣、长子、屯留、壶关、潞城六个县城在内的上党地区，捍卫了根据地军民经过浴血抗战而取得的胜利果实。这场战役的胜利，不仅打击了阎锡山的嚣张气焰，给野心勃勃的蒋介石泼了一瓢冷水，更是鼓舞和提升了解放区军民的信心，使大家相信国民党反动军队只是暂时强大，最终会被消灭的。在战斗之前，刘伯承司令曾说，阎锡山的精锐部队自以为不可一世，根本不把我军放在眼里。在此之前，我们从没有正式交过锋。但如果我

们打败了装备比我军优良的晋绥军，我军的影响力将不容小觑。上党战役是解放战争的第一仗，这一仗如果我们胜了，就能杀一儆百，给其他各路北进的国民党军一个样子看看。

第三节　人民战争中的出色战术

在上党战役中，我军的困难很明显——装备差、火力和兵力都不足，而敌人则依托有利的地形和坚固工事。外加连续下雨，给我军发挥机动性强的优势速战速决带来不小的障碍。刘伯承、邓小平两位首长尽管已经提前考虑到了战役持续时间的问题，但仍然感到时间紧张。此外，晋冀鲁豫军区的各支部队，在经历了 1944 年以来的局部反攻和 1945 年 8 月以来的大反攻之后，虽完成了重新集结，但还没有完全适应大规模的运动作战。针对这些情况，9 月 5 日，刘、邓两位首长根据攻打襄垣战斗的经验以及当前作战的实际情况，制定了《晋冀鲁豫军区关于上党战役中某些战术问题的指示》（以下简称《指示》）。《指示》中指出，在这一战役中，我们将主要进行许多城市攻坚战斗，估计阎军可能来援，还将进行许多野外运动战。针对阎军的特点，《指示》详细阐述了正规战性质的攻城准备、攻城实施（如接城运动、登城、巷战、白刃格斗）和野外战斗（运动战）的战术问题。这份极为详尽的战术指示，贯彻上党战役的始终，对整个战役的攻城、打援、追歼逃敌，以及对之后的其他战役都具有重要的指导意义。战役中的各项计划、命令、部署、战斗，都是《指示》中相应原则与方法的具体实施。刘伯承、邓小平等军区首长拟定的上党战役计划，在军事战略上的意图，是要最大限度地集中力量，采取边打、边建、边练的办法，组建野战兵团。这样，在上党战役中建组起来的、在战役后正式命名的几个野战纵队和几个军区的主力兵团建成了，一支能打大规模运动战的晋冀鲁豫野战军顺利地开始了由分散的游击军、游击战向集中的正规军、正规战的战略转变。这支野战军在解放战争中，与全国其他各野战军一道，南征北战，为打倒蒋介石、解放全中国，做出了卓越贡献。

上党战役中，长治人民和太行区、太岳区人民踊跃参军。老百姓想得明白，只有主力部队壮大了，才能真正保护已经取得的胜利果实。刘伯承司令在延安时就要求太行、太岳、冀南各军区积极扩充兵力，组建野战兵团并迅速完成集结。当时，各个部队都采取了个人直接动员和民兵集体动员相结合的方式。仅仅一个多月，太行、太岳两区的兵员就扩充3.5万人。各级武装逐级上升，有些地方部队的番号直接更改，成了正规部队。根据地的人民，都是经历了抗战，且有思想觉悟的群众。来自太行区武乡县的一位年过六旬的老人，知道部队要扩充兵力，当即表示要把他的独生子送来参军，老人的话不多，但质朴感人："这还有啥说的，老刘、老邓捎来话，要兵，总是遇到大事了。要一百，不能给九十九个半。"在抗战初期出现过的父送子参军、妻送郎入伍的热烈情景，又一次出现在上党地区和晋冀鲁豫根据地。黎城县当时仅有9万人口，依然给予了上党战役极大的人力、物力支援。在强有力的组织下，先后有4400名黎城民兵分八期参加了支前。还有3027名自卫队成员，分四期参加了支前。这些支前群众情绪饱满，出色地完成了军队交给的运输、破城等任务，成为军队干部战士口中的“政治民兵”。屯留县的任务，是在整个上党战役期间保证粮食供应。这是刘、邓两位首长交代的任务。中共屯留县委书记王云、县长吴之岗全面动员，全县3000多名党员干部完成了280万斤小麦、小米的供给任务。还有约12000名群众直接参加了配合主力队伍的作战，在后方支前的妇女达到18500多人。整个战役中，屯留人民不但保证了粮食供应，而且动员全县群众运粮送饭、抬运伤员、带路送信、运送弹药。这里面发生了很多可歌可泣的故事，比较典型的一个，是在距离老爷山战场30余里的余吾镇，一个四人担架队在前线抢救伤员途中，先后有两名担架队员中弹牺牲，剩下的两人咬牙坚持着把伤员抬下战场。到战斗胜利结束后，他们才默默抬着同伴的遗体回家。黎城和屯留人民积极参战支前，成了上党地区群众投身人民战争的一个缩影。

第四节　政治与军事的双重胜利

一、加强我党的谈判地位

正当上党战役激战的时候，蒋介石命张治中以“领袖秘示”致电胡宗南，称：“目前与奸党谈判，乃系窥测其要求与目的，以拖延时间，缓和国际视线，国军抓紧时机迅速收复沦陷区、中心城市。待国军控制所有战略据点、交通线，将寇军完全受降后，再以有利优势军事形势与奸党作具体谈判。彼如不能在军令政令统一原则下屈服，即以土匪清剿之。”这份密电，清楚展现了蒋介石“假和谈、真内战”的意图。然而，上党战役的走向却未能如蒋介石和阎锡山所愿。随着阎锡山精锐部队在上党地区的覆灭，蒋介石无法在战场上形成对谈判有利的军事形势。1945 年 10 月 10 日，国共双方签订了《政府与中共代表会谈纪要》，即《双十协定》。上党战役的时间与重庆谈判大致相同。这场战役的胜利，也在重要的历史节点上，给予我党有力支援，使我党在重庆谈判中占据了有利的地位。可以说，上党战役对促成《双十协定》的签订具有重要意义。

图 5–1　重庆谈判时国共代表合影

图片来源：https://mp.weixin.qq.com/s?__biz=MzUyMDc0NTYwMw==&mid=2247487009&idx=4&sn=d60dbba668db0f7dab7475208c46c5fa&chksm=f9e4e9cdce9360dbb975fb40f25fb39172f9b0289fbf473008cde845e6304a0ed93014043e86&scene=27

二、打击反动派嚣张气焰

阎锡山的晋绥军，总兵力有九万人、三十五个师。而上党一役，就被我军歼灭了十三个师，共计三万三千多人。这些部队装备精良、久经战阵、战斗力较强，是深受阎锡山严密控制的晋绥军主力。这些精锐部队被我军消灭，本就是非常惨重的失败。再加上十九军军长史泽波、炮兵司令胡三余以及一批将级军官的被俘虏，阎锡山和国民党军队的嚣张气焰被狠狠打击了回去。经此一战，阎锡山心有余悸。在接到“大同情况日趋不安”的电报后，他心惊胆战地说：“千万要把大同保住，可不能再像潞安那样了。”

三、实现我党的战略方针

9 月 19 日，上党战役激战正酣，重庆谈判也在进行之中，中共中央制定了全国战略，即“向北发展，向南防御”。而上党战役大捷，使我军收获了五大战果：拔了钉子、有了靠头、缴获了子弹、补充了兵员、锻炼了队伍。这些都成为我军转入平汉作战的有利条件。刘伯承司令指出，上党战役的战果，使我军具备了在邯郸消灭七万马法五军队的底气。上党、平汉两场战役的胜利，既拦住了国民党军队北进的道路，保卫了整个华北解放区，同时也挫败了蒋介石快速占领华北，进而控制东北，再从南北两面夹击我军最后消灭的意图，为我军进入东北作战提供了有力的掩护。必须承认，上党战役和平汉战役的大胜，牢牢守住了华北解放区的大门，以完满的“向南防御”实现了中共中央“向北发展”的战略意图。

综上所述，在事实上揭开了伟大的人民解放战争序幕的上党战役，具有多方面的重要意义，在中国现代革命史和中国人民解放战争史上写下了光辉的一页。上党战役的整个过程，充分体现了“不怕牺牲、不畏艰险；百折不挠、艰苦奋斗；万众一心、敢于胜利；英勇奋斗、无私奉献”的太行精神。尤其是为战役胜利作出卓越贡献的上党民众，更是用铮铮铁骨捍卫了红色太行的革命本色。他们在太行山上的英勇行为，就是对太行精神最生动的注解。

［线上作业布置］

1. 简述上党战役的背景。
2. 概述上党战役的过程。
3. 谈谈上党战役的意义。

［线下翻转课堂］

1. 结合学生线上提问及作业完成情况，进一步讲解本章重难点内容。

2. 由我军在上党战役中面对装备差、火力弱、兵力不足等重重困难，最终却以少胜多、以劣胜优取得的重大胜利展开以“如何面对人生中那些艰难时刻”为主题的分享与讨论。

［课后作业］

1. 完成线上答题与章节测试题目。
2. 结合见面课的讨论，进一步思考当代大学生应如何面对并战胜人生中的种种困境。

[课程思政要点]

本章所涉及的思政元素主要体现在引导学生勇敢直面困境、战胜困境，并树立正确的人生观。

[本章总结]

本章通过讲述发生在三晋大地的上党战役的背景、过程，以及战役胜利的原因，揭示其作为解放战争第一战在特定历史背景下具有的特殊意义。

人民军队扬长避短，以精心的战前准备、坚决的战术实施和巧妙的战术运用，赢得最终的胜利。上党民众更是以高度的革命觉悟和高涨的支前热情，用铮铮铁骨捍卫了红色太行的革命本色，完美体现了中国共产党“人民战争”的理念。由此，引导学生深刻领悟在上党战役过程中充分体现出的“不怕牺牲、不畏艰险；百折不挠、艰苦奋斗；万众一心、敢于胜利；英勇奋斗、无私奉献”的太行精神。

第六章

不忘初心：建设时期的家国情怀

［教学目的和任务］

1. 理解申纪兰的初心和坚守。

2. 理解右玉精神。

3. 理解大寨精神及其对当代的意义。

4. 理解锡崖沟精神。

［重点与难点］

1. 初心的意义和表现。

2. 右玉精神的实质。

3. “命由我立”的深刻内涵。

4. 太行精神与纪兰精神、右玉精神、大寨精神、锡崖沟精神的关系。

［线上讲授内容］

中国有句古语“不忘初心，方得始终”，如今也有一句话深入人心，那就是“不忘初心，牢记使命”。无论是过去还是现在，我们都无比珍视这一颗初心。

何为“初心”？每个人心中都有一个答案。

初心是平和宁静的态度，是最初的本心和梦想。俞敏洪曾说：“如果我们能够坚持自己的理想，追逐自己的梦想，并且探索自己独立的思想，我们的青春就开始成熟。历经挫折，初心不改是青春最大的标志。”

为何要不忘初心？因为在这个时代，诱惑太多，风景太美，好奇心太重，所以初心常常被我们遗忘，“我们已经走得太远，以至于忘记了为什么出发”。一路走来，我们变得茫然，更多是为了柴米油盐而奔波，少了关于星辰大海的浪漫与向往。我们已不知为什么来，要到哪里去。就像一首歌中唱到的：如果骄傲没被现实大海冷冷拍下，又怎会懂得要多努力才走得到远方……最初的梦想紧握在手上，最想要去的地方，怎么能在半路就返航；最初的梦想绝对会到达，实现了真的渴望，才能够算到过了天堂。

最初的梦想——一辈子的承诺，接下来让我们一起走进西沟人家。

第一节　一辈子的承诺

一、今秀西沟新农村

西沟，位于山西省平顺县，这个曾名不见经传的太行山上的小山村，在很长的一段时间里，是共和国版图上唯一被标注的村庄。

这里是第一、第二、第三届全国人大关注的地方，曾被毛主席称赞为边区农民的方向。这里是中国第一个互助合作组的诞生地，出了全国第一批爱国丰产金星奖章获得者李顺达、郭玉恩。这里是建设社会主义新农村的杰出典范，是全国农业旅游示范点。

说到西沟，就不能不说申纪兰。她是新中国唯一一位连任十三届的全国人大代表，被国际友人称为资格最老的“国会议员”。西沟的山山水水、一草一木都见证了申纪兰在青春岁月洒下的滴滴汗水。西沟村在1938年建立党支部，1943年建立互助组，村民们在申纪兰的带领下，艰苦创业，经过几十年的奋斗，将一个穷乡僻壤建成了农、林、牧、贸、工、商全面发展的社会主义新农村。

党的十一届三中全会以来，神州大地一片生机，面对市场经济大潮和南方发达地区发展的大好形势，西沟人内心的冲劲儿、信心被点燃了，开始搞企业、上项目，想要富裕起来。如今的西沟是“绿色西沟、小康西沟、文化西沟、红色西沟”。

二、纪兰的初心与坚守

全国人大代表、“共和国勋章”获得者申纪兰于2020年6月28日凌晨1时31分永远地离开了我们，离开了她相伴一生的西沟。

在她的老邻居张买兴家的相册里，放着许多与申纪兰的合影，其中一张被他摆放在最显眼的位置，他回忆道：“这是申主任2019年获得‘共和国勋章’后回西沟村传达会议精神时，我们两个在党员活动会议室拍照留念，这是我们最后一张合影……一直保持农民形象，这是她最好的、最应该向她学习的地方。”

在外面，申纪兰有着很多光环：“全国劳模”“全国人大代表”“共和国勋章”获得者，而在西沟人的眼中，她永远是操劳的“申奶奶”“申大婶”“申大姐”。为村里人主持红白喜事的习惯，以及不转户口、不脱离劳动、不拿工资的原则，申纪兰也坚持到最后。

她用自己的一生抒写了一个农民的传奇。1949 年，18 岁的申纪兰从山南底村嫁到西沟村的时候，刚好赶上了那个热血澎湃的年代。因为提倡“男女同工同酬”，申纪兰当选为全国人大代表，这一当就是十三届。她的议案，多与“三农”有关，她常说“俺就是个农民，要多为农民办事”。

从最初的争取男女同工同酬，到深入农民生活的交通、耕地、水利、医保等方方面面；从一起劳动到带头植树、开厂；从旧社会到新中国，老劳模申纪兰见证了祖国大地 70 年翻天覆地的变化，见证了农民脱贫攻坚的胜利，更用一生诠释了农民的成长和变化。

扫描下方二维码
了解更多三晋故事

“一句誓言，一生作答。”改革开放以来，对于国家很多新的政策和相关词语，申纪兰老人理解起来并不容易，例如“包产到户”“包干到户”等，她虽然内心充满疑惑，但却一如既往地坚信党的方向，她总是说：“自己不能理解，那是自己的水平觉悟低。党和毛主席，领导四万万人民翻身做主人，党不会错。”这是一种发自内心的坚定不移。正因如此，连续 13 届的全国人代会上，申纪兰从来没有投过反对票。

在西沟展览馆，95后的讲解员小王为我们深情地讲述申主任的故事。申纪兰的文化水平不高，但是她没有放松过对自己学习的要求。自1978年以来，人大代表要承担的职责，不再是简单地投票，而是要提出自己的议案、建议。这对当时已经50岁的申纪兰来说是一个非常大的挑战，她为此开始认字、写字，听新闻、看报纸，学习党和国家的新文件、新精神。她坚持每天看《新闻联播》，还花了40天时间一字一句抄写完党的十七大报告。那个为报告发言急得团团转的小媳妇儿，一点点成长为不用稿纸都能连续讲上几小时党课的模范党员。

日子富裕了，生活条件好了，但申纪兰多年养成的勤劳俭朴的生活习惯却从未改变。她至今还住在20世纪60年代末"农业学大寨"时期建起的排房里。多年来，申纪兰多次外出为村办企业联系业务，坐的是公共汽车，住的是价格低的旅馆，吃的是最便宜的饭菜。为了给村里办事，她每年的车费、住宿费少说也要花上几千元，但她从来没有在村集体报销过一次车票，领过一次出差补助，反而是把国家每月发给她的生活补贴搭进去不少。

在家人、乡亲和朋友的眼中，申纪兰从来就不算是名人，她和普通农民一样，踏实而勤恳地生活着。端上一碗饭进东家、出西家，和街坊邻居聊天儿，谁家婚丧嫁娶、满月生日，都能看见她忙碌的身影。闲下来的时候，她最喜欢的是打扑克，只是打着打着，她不知何时就会打盹儿，手中的牌散落地下。

从"光秃秃"到"绿油油"，70年来，西沟村发生了翻天覆地的变化。在申纪兰的带领下，西沟人植树造林、打坝造地、兴企办厂，“纪兰精神”成为中国农村艰苦奋斗的象征，更成为这个村庄永恒的记忆。

三、初心易得，坚守不易

听了申纪兰老人的故事，你一定感受到了一个农民的初心和对初心的坚守。

初心的形成也许很简单，但是它的完成却是一个很艰苦而且很漫长的过程。有的初心，走着走着，就丢失了，而有的初心，走得再远，我们依然会坚定地靠近它。初心在最开始的时候，往往简单朴素，但是它会慢慢长大，就像一颗种子能够长成参天大树，又仿佛站在零的起点慢慢绵延成很长很长的道路。到最后我们发现，所谓初心，就是在所有的愿望、誓言和梦想当中，离自己本心最近的那颗心。

静下心来，不妨问问自己，你的初心，你还记得吗？一路走来，你还在为它奋斗吗？当你动摇的时候、当你想放弃的时候，告诉自己，阳光总在风雨后，守住初心，方得始终。

你的初心如果回来了，记得告诉我！

第二节　怒放的生命

三晋大地，黄土高原，有一个非同寻常的地方，它地处晋西北边陲，以古关杀虎口为“咽喉之地”，这就是“昔日不毛之地黄沙飞，今日塞上绿洲远名扬”的右玉。杀虎口是明清晋商兴盛之地，晋商北出山西的最后一关，再往北就是茫茫塞外了。

遥想当年，这里商铺云集，人声鼎沸，历史上有名的“走西口”的“西口”就坐落其中。只要说到“走西口”，耳边就会想起那苍凉的歌声，那是背井离乡的无奈和忧伤。可是，右玉这片地方，真是很难留下来，不可思议的漫天黄沙，把所有生存的想法都遮蔽了，似乎只剩下逃离这最后一条路。

那么这个曾经的不毛之地是如何变成今日的塞上绿洲的呢？接下来，就让我们一起聊聊右玉的故事。

一、逐梦：从风沙漫天到塞上绿洲

解放初期，当地流传着这样的民谣：“一年一场风，从春刮到冬。白天点油灯，黑夜土堵门。山岭和尚头，十年九不收。男人走口外，女人挖苦菜。”风沙大到甚至把羊群刮没了，一年到头永远是遮天蔽日的风沙。当年，一位曾到这里考察过的德国专家断言右玉不适合人类居住，建议举县搬迁。

为什么会有这样寸草不生的地方呢？话说由于地处胡汉交界之地，扼边关要塞，自秦汉以来，这片土地就金戈铁马狼烟四起，连年战火不断。老乡告诉张荣怀，明王朝为了防御草原游牧民族，采取了一个很“绝”的政策，从洪武年间到大明结束的二百多年里，每年到了秋天，驻防长城沿线的一百六十多万军队的任务就是放火烧荒。也是从那时候开始，树木植被遭到了毁灭性的破坏。风沙让这片土地变得萧瑟与贫瘠，让这里的数万百姓欲哭无泪。天昏地暗是这里的百姓对故乡最深刻的记忆。人们就在这漫漫黄沙中艰难地活着。活不下去就往北走，穿过杀虎口，去口外逃荒谋生；而留下的人，只能一次又一次登上古城西北的崇岗山去拜风神，虔诚地祈祷风神能止住风沙，放大家一条生路。一年又一年，风神台的香火不断，肆虐的风沙却从未停止，真到了叫天不应、叫地不灵的境地。能救百姓的神明到底在哪里？

转眼来到了1949年，全国农民迎来了自己的春天，撕毁了地契，分得了田地。然而对于右玉的老百姓来说，这种喜悦很快就被另一种担忧所代替，严重沙化的土质让庄稼很难下种，种到地里的种子常常一夜之间就会被风刮跑，正如当地谚语所云“春种一坡，秋收一瓮，除过籽种，够吃一顿”。面对成片的土地，却吃不饱肚子！从这时开始，右玉人的心头萌生了念想，我们把它叫作梦想。

右玉人的梦是不忘初心的梦，是利在长远的梦，更是常做常新的梦。70年来，不论历史如何变迁，右玉20任领导班子的初心从未改变，始终把植树造林、改善生态这项右玉最大的民生工程作为立县之本、执政之基，执着地为右玉大地披绿增翠。

这片土地上承载了太多，走过的每一寸路都经历了千古灿烂的文化之光的沐浴，它的美丽和厚重道不尽也说不完，只要你踏上这里，你一定会爱上它，会慢慢解读它。这就是右玉，不华丽，却古朴大方，千载万年不褪色！只要你走进右玉，一定会收获心灵的震撼和骨子里的觉悟。

二、筑梦：右玉和它的县委书记们

右玉人的梦，是从一个刚刚走出枪林弹雨的汉子开始的。

1949年初夏的一天，两个外地模样的年轻人，急匆匆地行走在通往右玉县的羊肠小路上，他们就是即将上任的中共右玉县委第一任书记张荣怀和他的通讯员。这个刚刚三十五岁的年轻人还在部队就接到去右玉上任的命令，右玉对于张荣怀来说并不陌生，在抗日战争和解放战争时期，他就在这里打过游击战。就是这个不陌生的地方，却在上任的第一天给了这个刚从枪林弹雨走出来的汉子一个下马威，铺天盖地的黄风挟带着狂沙给了他一份特殊的“见面礼”，让他足足领教了右玉风沙的威力。

怎么改变这种恶劣的自然环境、怎么让老百姓生存下来是摆在首届县委、县政府面前的一个难题。面对困难张荣怀没有退缩，上任第二天就和时任县长江永济背上水壶，带上军用地图，开始了近 4 个月的徒步考察。虽然下乡考察配备了一匹马，但是张荣怀很少骑行。王玉明因为字写得好，所以在张荣怀身边做刻印员。张荣怀下乡考察常会带上这个聪明勤快的年轻人，因为担心王玉明会累着，张荣怀常常自己步行走路，让王玉明骑马，还给他牵马。除了感受到这位年轻的领导的照顾和关怀，一路上王玉明还经常能感觉到张荣怀的焦虑，到底怎么改变右玉，张荣怀一时找不到答案。他们走遍了右玉的沟沟坎坎、梁梁峁峁，边考察边寻找答案。

功夫不负有心人！谁能想到，一条不知名的山沟让右玉的命运发生了重大的改变。因为就是在这个山沟，张荣怀看到了之前在其他地方从来没有见过的景象，沟口是一片郁郁葱葱，全是树，而沟里是一片没有被风沙掩埋的长势很好的土豆。张荣怀看到一个年轻人正在那里种树，此人正是五十多年后第一个获得造林功臣牌匾的右玉人——曹国权。

年轻的曹国权在刚刚解放就开始种树了，年纪不大，志气不小，就想着要改变家乡的山河面貌，因为从小就穷怕了。曹国权此时并不知道，眼前这个对他种的土豆产生浓厚兴趣的人竟然就是新上任的县委书记。后来二人聊了起来，他告诉张荣怀，土改时，他本来分到了几十亩平川好地，可是年年风沙刮跑种子，收成特别差，快三十岁了一直娶不上媳妇儿。后来他用十二亩好地换了别人家的这处山沟，沟口山坡种树，沟里种土豆、莜麦，收成竟然比别人家高出一倍，家里还存下了余粮。就因为这几瓮余粮，终于有姑娘愿意嫁给他了。曹国权的话让张荣怀的眼前慢慢展开一片光亮，树可以防风固沙，如果右玉的每一条山沟都用这样的方式改造，那右玉的整个生存环境一定就会好转的，粮食产量也会提高，右玉百姓的生活不就好起来了吗？当晚，就在曹国权的窑洞里，张荣怀和他聊了一晚上种树的话题。曹国权，这个从二十几岁就开始种树，一直到九十岁时仍然在种树的老人，怎么也不会想到，就是当年自己随意的聊天竟然会让县委书记做出了一个改变右玉山河面貌的决定。如今曹国权老人虽然走了，但是身后留下的一片绿将继续守护子孙后代。

1949 年的深秋，张荣怀结束了对全县的考察，在简陋的办公室里他挥笔写下了这样一行字：人要在右玉生存，树就得在右玉扎根。至此张荣怀到任后做的第一个“梦”、定的第一个决策、打的第一场战役都是种树。

1949 年 10 月 24 日，张荣怀在一次县委工作会议上面对全县干部提出了一个响亮且非常接地气的口号：右玉要想富，就得风沙住；要想风沙住，就得多栽树；要想家家富，每人十棵树。这次大会开完之后，张荣怀带着全县干部冒着风沙来到苍头河畔，每人种下了十棵树。右玉人认准了一条路，人要活下去，就得先让树活下去。可是想在右玉种活树绝非易事，正所谓“一年活不算活，三年活才算活”。天不帮忙，人就得加倍拼命，县委书记冲锋在前，没有水，就肩挑手提，想尽办法运水上山，浇一次水不行，那就一次又一次。天寒地冻，就用草毡给树苗保温。种一次活不了，就种三次、五次。

当年张荣怀带头栽下第一棵树的苍头河畔如今两岸郁郁葱葱，自然环境优美，已经成为晋北地区少有的省级湿地保护区和令人赏心悦目的休闲胜地。张荣怀不是右玉人，虽然他在右玉只工作了 3 年，却拉开了右玉人 70 年坚持不懈植树绿化的序幕，一代接一代，奋斗不止。他为人民谋求长远利益的远见和为此付出的心血，因为这满眼的绿色而被人们永远铭记。

1952 年 3 月，他将接力棒交给了第二任县委书记王矩坤。31 岁的王矩坤举家来到右玉，他面临的是更干旱、更缺水、更艰难的条件。和前任县委书记张荣怀一样，在上任县委书记的路上，王矩坤就感受到了右玉的风沙和贫困。他认为只有植树造林才能改变右玉的生态环境，才能让老百姓过上好日子。王矩坤上任时了解到，张荣怀在两年多的时间里已在全县组织了四次爱国造林大竞赛运动，共造大片林木 2.4 万多亩，零星种树 5 万多棵。但王矩坤意识到，右玉 1900 多平方公里的绿化事业，仅靠县委开展运动造林是远远不够的。要想成功，还是得依靠群众、发动群众。

1952年春，王矩坤一上任就和时任县长李文仁组织开展了植树造林万人大会战，带领全县机关单位的所有干部职工、中小学生与上万名各村群众冒着初春塞北的严寒，奋战在植树的第一线。他和县长李文仁肩扛铁锹，带着干粮，徒步深入到各林地，坚持与群众同吃、同住、同劳动，反复向民众宣传植树造林改变右玉贫困面貌的重大意义。山头上，没人分得清哪个是领导，哪个是群众，哪个是干部，哪个是百姓。如果不说话，没人认得出来王矩坤就是新来的县委书记，他和普通百姓一样，啃河里刨来的冰块，吃烤土豆，拿炒莜面当干粮。那时候的右玉，每个机关单位办公室门后都会放一把铁锹，到了植树期，干部群众、男女老少就一起加入植树大军当中，“不怕苦不怕累，每年春天栽树、冬天修水利，到了中午也不回家。”

1953年春天，一场罕见的春荒让大部分右玉人家里断了粮，国家下拨了四十万公斤玉米当作救灾粮。救灾粮到位了，但是王矩坤却不想就这样把粮食分发下去，他决定搞以工代赈，也就是把救灾粮划出一大部分做奖励，每种一亩树，验收合格后，就发十七斤玉米作为村民的劳动报酬。有人担心这样做犯错误，王矩坤却说：“如果犯了错误上级追究下来，我一个人担着！”在发放赈灾粮的大会上，王矩坤发表了一番令人动容的演说：

“同志们，这粮食是国家白给的，但我们不能白吃。我们今年白吃了这批粮食，那我们明年就还得继续靠国家救济，或许10年、20年之后，我们还得靠国家来救灾。我们右玉人不能这么没出息！我们右玉人要靠自己的双手改变自己的命运！这些粮食我们不能当作救济粮，要当作‘植树粮’，吃粮食的人，就得种树，种树的人，才有资格吃粮！”事实上，当年右玉家家户户都吃上植树粮。那年春天，每家每户只要能劳动的，都会扛着铁锹上山种树。很多上了年纪的人至今还记得当年吃到植树粮的滋味，甜滋滋的，比现在吃的点心香得多！以工代赈极大地调动了大家的积极性，从 1952 年 3 月到 1955 年 1 月，王矩坤任县委书记的三年里，全县共栽种大片杨树林 12.7 万亩。

1955 年 2 月，张进义接过了王矩坤的接力棒，成为右玉第三任县委书记。他在右玉工作的时间只有短短一年，但种树仍然是他最重要的一项工作。在张进义看来，坚持种树是每一位继任者理所应当的选择。此后，右玉历届县委、县政府领导班子，“一任接着一任干，一张蓝图绘到底”，换届不换方向，换人不换精神，“绿色接力棒”代代相传。大家幽默地说，“飞鸽牌”的干部做着“永久牌”的事。骐骥一跃，不能十步；驽马十驾，功在不舍，久久为功就是右玉人梦想成真的秘诀。

每个人的生命都会消逝，然而生命的意义不在于永恒，而在于为这个世界留下了什么。当年，右玉村民栽下的树已融入一片绿海中无法找寻了，但他们播洒在右玉大地上的精神不仅长成了一望无尽的苍翠，而且成为更加宝贵的财富。当年的风神台虽然不再香火缭绕，却也见证了右玉的传奇，故事里有笑有泪、有汗水有热血，或令人振奋不已，或令人感动垂泪，最令人欣慰的是，这里的故事一直在继续！

第三节 命由我立

人生变幻莫测，充满竞争、挑战和机遇。是向命运低头屈服，甘当命运的注脚，还是像贝多芬一样，在生命的交响乐中能挺起腰杆，扼住命运的咽喉，把握人生的每一次机遇，成为驾驭自己生命航程的舵手，努力践行自己的人生理想？

一、大寨事：沟壑变良田

任何一种崇高精神，总是在某一历史背景下孕育而生的。大寨精神、右玉精神、锡崖沟精神，都是新中国成立后，中国共产党带领人民群众在社会主义建设时期培育形成的时代精神，曾影响了一个时代的精神风貌，是当年的关键词、时尚语。

“农业学大寨”把大寨推向了当年的潮流前沿，大寨堪比现在任何一个旅游胜地。

大寨位于山西省晋中太行山麓海拔 1000 多米的山区。这里自然条件恶劣，土地贫瘠，全村耕地被沟壑切割成无数小块，分散在七沟、八梁、一面坡上。大寨人在以陈永贵为书记的大寨党支部的领导下，从 1953 年开始，凭着一双手、两个肩膀、一把镢头、两个箩筐不分昼夜地苦干，用五年时间，改造了全村七条大沟，把深沟变成了良田。

大寨人所谓的造地，即农田基本建设。第一仗选定白驼沟。白驼沟 500 多米长，十几米宽，怪石嶙峋，荆棘密布。没有炸药、没有机械，只有几近原始的镢头、铁锨、钢钎、大锤。把怪石移开，把荆条除根，修平荒地。砸下的石头和铲下的土填在沟里，再垒上一层层石坝，形成一片片阶梯形的土“台子”，这就是著名的大寨梯田，也是大寨人向穷山恶水要来的第一片土地。

治理狼窝掌是大寨故事的华彩乐章。狼窝掌沟一千五六百米长、十三四米宽。山高坡陡、地形险恶、乱石遍地、荒草没腰、野狼乱窜、洪灾不断，给大寨人造成的灾难最大；然而，因为它面积大，如果能将其改造出来，为大寨提供的良田将会是最多的。

扫描下方二维码
了解更多三晋故事

1953—1962 年，从初战白驼沟到三战狼窝掌，大寨人劈山填沟，重新安排山河，在 7 条山沟里垒起了总长 7.5 公里的 180 多条大坝；把 300 亩坡地垒成了水平梯田；把 4700 多块地修成了 2900 块，还新增加了 80 多亩好地。在中国农业最困难的三年自然灾害期间，大寨人不仅没人挨饿，反而每人向国家上交余粮 400 多公斤。

二、大寨情：复活有奔头

事儿是人做的，相信我命由我不由天。要问这一切的动力，那就是对国家的责任、对故乡的眷恋、对父老乡亲的深情、对美好生活的向往。

在大寨沉寂的日子里，“铁姑娘”郭凤莲开始冷静思考。她回忆说，虽然大寨是中国农业的标杆，但除却荣誉因素，村民们的生活水平实际上并不高。她开始痴迷地阅读俄国作家列夫·托尔斯泰的经典名著《复活》——大寨需要复活。

1991 年 11 月 15 日，一纸调令让阔别大寨村支书岗位 11 年的郭凤莲回到了她最热爱的工作岗位。她开始摸索新大寨要走的新路子。此后，大寨办起了羊毛衫厂、酒厂、饮料厂……作为大寨的领头雁，人到中年的郭凤莲积极投身商海，找人才、推业务，她学会了用商人而非农民的思想看待社会。

熟能生巧，她渐渐领略到了大寨最大的资本依旧是那段光辉岁月，她开始打造“大寨”品牌。“大寨”牌核桃露、“大寨”牌黄金饼、“大寨”牌白酒……“大寨”的名字开始出现在各种商品上。

在大寨，有一位宋立英老人，她是那里的第一位女党员和第一任妇女主席，也是迄今为止大寨村任职时间最长的村干部。

扫描下方二维码
了解更多三晋故事

有人说，山西“土”，这个“土”就意味着落伍、守旧、不变通。但是大寨用它的经历再一次诠释了什么是“土”：土是未曾改变的乡音、乡情；土是记忆深处那段光辉岁月；土是敢于和命运抗争的倔强；土更是坚信自己可以达成目标的坚持。

第四节　海阔天空话锡崖

相信大家一定听过 Beyond 乐队创作的《海阔天空》，或许也听说过《海阔天空》是黄家驹为 Beyond 乐队成立十周年而作的，这首歌刻画了Beyond乐队十年来的心路历程，有起起伏伏、有意气风发、有疲倦无奈，也有奋战不懈。

这首歌和下文要讲述的故事很贴合。

一、传说中的“世外桃源”

陶渊明的《桃花源记》中有述：“缘溪行，忘路之远近。忽逢桃花林，夹岸数百步，中无杂树，芳草鲜美，落英缤纷，渔人甚异之。复前行，欲穷其林。林尽水源，便得一山，山有小口，仿佛若有光。便舍船，从口入。初极狭，才通人。复行数十步，豁然开朗。土地平旷，屋舍俨然，有良田、美池、桑竹之属。阡陌交通，鸡犬相闻。其中往来种作，男女衣着，悉如外人。黄发垂髫，并怡然自乐。”

距山西省晋城市陵川县东40公里的崇山峻岭中，有一座巍峨挺拔的大山，名叫王莽岭，相传西汉王莽追赶刘秀到此安营扎寨，因此得名，又因其险峰幻叠、云海浩瀚、瞬息万变，被称为“云山幻影”。王莽岭的山脚下，坐落着美丽的锡崖沟，传说仙人道士曾在这里冶锡炼丹而得名。

《陵川县志》如此描述：“东有马东岭之屏障，西有白桦山之阻隔，北有王莽岭之险峰，南有青峰围之对峙。四山夹隙之地称曰锡崖沟，因地形险恶，绝路，沟人多自给自足、自生自灭。偶有壮侠之士舍命出入。”

锡崖沟村，是典型的“世外桃源”。周遭青峰四围，高可入云；沟中梯田层层，流水环抱，绿树遍蔽，鸡犬问答。高低错落的房舍炊烟袅袅，石墙、石院、石头房，气氛宁静而安详。

可惜的是，因道路不通，沟中二百户人家几乎陷于与世隔绝的状态，使得美景与贫困形成了尖锐的对立，又不得不相伴并存。

过去的锡崖沟，说无路可走真是不为过，只能过着“不知有汉，无论魏晋”的生活，纯自然经济的贫困窘迫，听天由命任凭摆布的无助无奈：果品熟了运不出去，任凭落在地下烂掉；猪养肥了赶不出山卖掉，只能将猪宰了腌起来吃；大雪封山前，如果没买回盐来，村民一冬就只能吃寡淡之饭。

扫描下方二维码
了解更多三晋故事

由于道路不通，村里至少有一半人没去过县城，甚至乡所在地，一些老人一辈子都没出过村子。解放初期，第一位到锡崖沟来的县委书记是骑马来的，结果马在半道被活活吓死了。县畜牧部门关心村里群众，进村收购了几十头生猪，赶到深沟上，只剩下七八头，其余都滚坡摔死了。

大山孕育人，也打压人，给人阻挡，也赐人胆识。锡崖沟人苦于无路可走，也敢问路在何方。

二、落入凡间的天路

你见过天路吗？我们见过，它的一头悬挂在高天云端，另一头垂落在人世凡间。这条路，地处山西省陵川县东部深山中的锡崖沟村，是村人开凿出的挂壁公路，因它的不同寻常，多次被媒体关注而名扬海内外。它是中外筑路史上的奇迹，堪称路的奇观、路的经典、路的极致。

下图是太行山断裂层地带的一条挂壁公路。抬头仰视，这条隧道公路开着一个个方孔天窗，从王莽岭脚下近千米高的悬崖绝壁上，呈“之”字形迂回盘折而下，一直通向深沟下，四周青山像铁桶一样围裹着村庄。它产生的视觉冲击力，只有亲自来到这里、亲眼看到的人才能感受到。

这条路已然成为一种景观的、精神的、文化的载体。人们在观瞻它的时候，自然而然就会想起它分娩时的艰难不易与痛苦，想起移山的愚公、填海的精卫……

图 6–1　锡崖沟挂壁公路

图片来源：https://tieba.baidu.com/photo/p?kw=%E6%97%85%E6%B8%B8&flux=1&tid=5717109258&pic_id=9480d158ccbf6c8105650b47b03eb13532fa40d4&pn=1&fp=2&see_lz=1&post_id=119922371403

前文提到的那位在深山险道所骑的马被吓死的县委书记，

回去给锡崖沟村拨了3000元扶持款，1962年，沟里人不甘闭塞，向大山宣战，凭着特有的“一根筋”脾气和不服输的“杠劲儿”，以义务投劳投工投料形式，开始修筑出村的路，这一折腾，就是整整30年。

一次次失败，锡崖沟人不呼天抢地，不怨天尤人。他们在从工程兵部队转业回来的第三任筑路支书宋志龙带领下，按照少些蛮气、多点科学精神的思路，请来了县交通局的专家进行测量设计，确定了从悬崖绝壁顶端盘折而下的“之”字形隧道的施工方案。开工炮响，又是10年。彪悍的汉子们拿出从前猎山豹、打野猪的勇气，凭借一条长长的绳索，在悬崖上悠来荡去寻找挖掘五灵脂、何首乌的绝技，腰拴绳索悬挂在悬崖上打眼儿放炮，开通了第一个供人着脚的悬崖天窗，然后钻进悬崖里，沿着“之”字形的线路，一寸寸凿石而进。前进一段，便开一个窗口，供透光、通气和排渣。几十号光棍儿住在冬冷夏潮的工地石洞里，饿了吃玉米、面馍、野菜饼，渴了就喝透山水、雪化水，有的人连续五个除夕没有回家过年。

为了修出一条出山的路，锡崖沟人日月星辰串起来过，血汗泪水并起来流。

生命的常态，第一是渴望生存，第二是祈盼升华，如果没有这样的原动力，人类就会百分之百停止进化与进步。锡崖沟人正是为了实现起码的生存需求和生命升华，才拼死拼活地修筑出村道路。

三、太行山魂创奇迹

1991年10月，锡崖沟长7.5公里含悬崖隧道1800米的挂壁公路，终于竣工通车，当地村民为此举办了一场盛大的剪彩仪式。刹那间，威风锣鼓声、鞭炮齐鸣声在锡崖沟响起，悠扬的二胡声如泣如诉地回忆着当年的苦涩、无奈与哀怨；亢奋激昂的唢呐声急切倾吐着对现在的喜悦、对未来光明的殷殷期冀与不舍追求。

这是雄伟的太行山创造的又一个奇迹。

锡崖沟人体现的是太行山的山魂，也是太行山区人的一个缩影。山区人行路难，发展经济更难，要想富先修路，所以筑大路、通坦途使得路畅其通、人畅其行、物畅其流，成为势在必行的当务之急，也成为大山魂的一个聚焦。

如今的锡崖沟人充分利用绝美的水光山色、丹崖峡深、太行人家，特别是挂壁路彰显的锡崖沟精神等组合的旅游资源，大兴旅游业。锡崖沟人新建立了像模像样的商品小街，有商铺、酒吧、旅社……由外来投资者修缮、经营的王莽岭、棋子山、黄围山、凤凰欢乐谷等旅游风景区游客济济，旅游业在经历了踌躇彷徨之后，终于将品质优秀的秀美山川和人文资源变成相当规模的产业形态。

一条条较高等级的柏油公路构成内部循环外部辐射四面八方的道路交通网络，东部深山在“村村通”中铺设起的连接各行政村及许多自然村密如蛛网的水泥柏油乡村道路，“装点此关山，今朝更好看”。

锡崖沟，是一个因路而悲、因路而生的故事。一条挂壁公路凝聚了几代人的梦想，几代人为挂壁公路奉献了炙热的鲜血与汗水。锡崖沟，一个千百年来默默无闻的小山村，在 20 世纪的最后 10 年里，成为一种精神、一种象征、一种标志。锡崖沟精神，就是顽强不屈，就是艰苦拼搏，就是奋发图强。

“命由我立”是中国传统文化的宝贵思想，是一种高扬理性主义生命自主精神的积极人生观，它引领着我们探寻人生的真谛和底蕴，维护人类生命尊严和精神自由，健全人格，确立人生的价值和理想。

太行山魂孕育出了太行精神，我命由我不由天，这是怎样的英雄气概，是怎样的大气磅礴！让我们向天而歌，百折不挠、艰苦奋斗、敢于胜利，无论时代如何变迁，太行精神永远会激励着三晋儿女开拓、进取、走出去。

[线上作业布置]

1. 纪兰精神的核心是什么？

2. 你是如何理解初心的？

3. “命由我立”的本质是什么？

4. 请谈谈大寨精神、纪兰精神、右玉精神和太行精神的关系。

[线下翻转课堂]

1. 结合学生线上提问及作业完成情况，进一步讲解本章重、难点内容。

2. 请同学们用镜头记录校园最美的瞬间，以小组为单位进行拍摄；每组提交照片不少于 5 张，并进行简要的描述。

［课后作业］

1. 完成线上答题与章节测试题目。
2. 结合见面课的讨论，进一步思考“大美”的意义。

［课程思政要点］

通过线上课程的讲解、学习与线下见面课的分享、讨论相结合的方式，引导学生进一步理解初心、纪兰精神、右玉精神、大寨精神、锡崖沟精神对太行精神的传承，回扣“大美”这一核心主题。

［本章总结］

本章围绕初心和家国情怀，讲述了西沟故事、右玉故事、大寨故事和锡崖沟故事。在一个个感人至深的故事背后，是太行精神的传承，映射的是山西红色文化的基因。引导学生重温以人为本、忠实践行、艰苦奋斗、坚持不懈……

第七章

继往开来：改革开放时期的中国梦

［教学目的和任务］

1. 理解当代愚公精神。

2. 理解景海鹏的航天梦。

3. 理解脱贫攻坚的意义。

［重点与难点］

1. 双良精神。

2. 景海鹏身上的太行精神。

3. “中国梦”与个人的关系。

［线上讲授内容］

2012 年 11 月 29 日，新一届中央领导集体走进中国国家博物馆，参观《复兴之路》展览。发表了重要讲话，阐述了引发社会广泛共鸣的“中国梦”话题。中华民族伟大复兴，不仅是党的梦想、国家的梦想，更是每一个中国人的梦想。只有祖国强大了，我们每一个人的幸福生活才能有保证，每一个人的理想才能实现。

“中国梦”是由国家梦、民族梦所组成，它不仅是实现民族复兴之梦、强国之梦，更是实现人民幸福生活之梦，也是每个人心中的美好梦想。既是宏伟的国家梦，也是具体而微小的个人梦。

我们的民族正是在完成一个又一个看似不可能实现的梦想之上创造了一个又一个奇迹。

第一节 当代愚公之梦：搬山

太原钢铁（集团）有限公司（以下简称“太钢集团”）地处山西省太原市尖草坪区，是中国重要的能源和原材料工业基地。自创建之日起至 20 世纪 70 年代，废渣已经形成了一座名副其实的渣山。

20 世纪 80 年代初，渣山扩展到两平方公里，平均高 13 米，最高处达 23 米，周围是居民区。每天倒渣的时候，都会掀起滚滚烟尘。尤其到了冬天，西北风一刮，裹着有毒物质的渣粉灰尘遮天蔽日，阴沉沉地笼罩着太原。最令人担忧的是：要生产，就要排渣，高效率的生产意味着会产生更大量的废渣；废渣排不出去，就难以生产，如此形成恶性循环。作为全国重点钢铁企业之一的太钢集团面临因无处排渣而瘫痪的危险，无处排放的渣粉灰尘对太原市的环境造成了严重污染。

面对渣山，怎么办？在想尽各种办法无果的情况下，埋怨历史是无用的，也是无能的。太钢人勇于面对现实，他们不断沉思、探索。

李双良，爆破工段的段长。他中等身材，肩宽背厚，粗壮中透出灵秀；浓黑的双眉横扫入鬓，眉梢拧着劲儿地往上挑；晶亮的双目与硕大的脑袋给人以智慧与力量的感觉。他虽已年近花甲，但腰杆笔直，步履矫健。在除夕夜，退休后的李双良主动请缨，不要国家一分钱投资，带领渣场职工治理渣山。记不清有多少个星期天与节假日，李双良父子是在渣山上度过的。爷俩儿的足迹踏遍整个渣山，计算渣山的体积，又用平车拉出10吨废渣抽样调查，查看里面究竟有多少可以利用的废钢铁等物资。

李双良头戴钢盔，手提大锹，哪里有困难，他就出现在哪里。他发现车辆来往有些混乱，有的地方窝工，有的地方偷工减料，甚至虚报冒领。这里需要骨干，更需要管理者。他心头一亮，是请离退休的老伙计们出山的时候了。有厂长、书记、工段长，也有技师、专家、工程师……大家都来了，他们既有管理的经验又有实干的经验，治理渣山，他们是一笔巨大的财富。

图 7–1　李双良

图片来源：https://baike.so.com/doc/6066447-6279511.html

李双良望着这些两鬓染霜而又精神百倍的老同志，心头涌出一股热浪，情不自禁地说道："谢谢老伙计们，谢谢大家的支持。你们有丰富的管理经验和业务技术，我请你们来帮忙，来当这支搬渣队伍的头头脑脑。"对于离退休的老同志来说，重新得到用武之地，无异于获得了第二次青春。

经过几年的努力，搬掉了沉睡半个多世纪的总量达1000万立方米的渣山，李双良带领团队走出了一条"以渣养渣、以渣治渣、自我积累、自我发展、综合治理、变废为宝"的治渣新路子。

2018年12月16日，96岁的双良老人走了。他在冬天离去，留下春的色彩，搬走沉睡了半个世纪的太钢渣山，"变"出一座风景宜人的渣山公园。

"双良精神"润物无声般地在太钢深深扎了根。时年95岁的李双良接受采访时曾说，改革开放40余年，他做过三件事：一是带头践行治理渣山的"承包责任制"；二是以渣场为教育基地亲身教育青少年；三是坚持为循环经济、绿色发展作贡献。其实，双良老人还做了第四件事：他通过一言一行铸就的"双良精神"，在太钢集团——这片他耕耘过的土地上不断发扬光大，成为太钢集团永不褪色的旗帜和永富感召力的企业精神，引领着太钢人向着循环绿色企业阔步前进！

如今的太钢，双良门依然巍峨，双良路平坦干净，双良中学书声琅琅……这一切的一切，都是对逝去老人最好的纪念。

太钢魂魄继续丰满着太行精神！

第二节　航天梦：四巡苍穹守初心

一、十年一剑，不负韶华

在科技并不发达的古代，人们就已经对太空有着无限的憧憬，女娲补天、嫦娥奔月、后羿射日的故事，都传递出了古人对茫茫苍穹的强烈好奇心。

随着科技的不断发展，航天技术也在不断发展。通过航天技术，我们可以更加深入地了解宇宙，也可以探索太空中未知的领域，从而更好地探索宇宙。

说起航天，就不得不提到宇航员。在我国众多优秀的宇航员中，景海鹏犹如“神”一般的存在，他不断突破自己，为祖国奉献了自己的青春和热血。

图 7–2　景海鹏

图片来源：https://www.thepaper.cn/newsDetail_forward_1544150

景海鹏四次执行载人航天任务，是飞行次数最多，飞行时长最久，也是飞行高度最高的中国航天员。他是中国人民解放军航天员大队特级航天员，曾荣获“八一勋章”和“英雄航天员”荣誉称号。他是山西人的骄傲，也是太行精神在当代的生动体现，他不畏艰险、百折不挠、无私奉献。

在运城市盐湖区安邑办事处，有一座太平兴国寺，离寺庙不远的东南角有个小村庄，叫东杨家卓村。村子静谧祥和，只有200来户人家，这里就是航天英雄景海鹏的故乡。

孩子是一个家庭的希望，名字更寄寓着长辈对小辈的殷切期望。在景海鹏出生后，舅舅为他取名为“海鹏”，唯愿他能够像鲲鹏一样翱翔于蓝天。景海鹏从小性格坚毅，做事努力，他非常喜欢体育，尤其喜欢打篮球，因为他个子不高，每次比赛，教练都把他派到那些不太重要的位置上。但景海鹏并不服输，总是想尽一切办法上场打球，抓住一切可利用的机会，提升球技。

通过不断的刻苦练习，从坐冷板凳到稳坐篮球队主力位置。在航天队里，他还获得了一个“钢铁前锋”的称号。由此他明白了一个道理：只要努力，谁也不比谁差。高中时代，他偶然看到一张飞行员照片，照片里的飞行员戴着头盔，大大的护目镜罩在眼睛上，脸上表情坚毅果敢，景海鹏就此萌生了“我要当飞行员”的志向。

1985年6月，景海鹏如愿考入河北保定航校，即今天的中国人民解放军空军航空大学。1991年6月，他被分配到南京军区空军某部，成为一名空军一级飞行员。1996年得知选拔航天员的消息后，已当了13年飞行员的景海鹏，又开始憧憬成为一名航天员。1998年1月，景海鹏如愿成为中国首批航天员。

1998年1月，景海鹏进入北京航天城时，已是而立之年，他不仅要在5年内完成物理学、天文学、载人航天技术等30多门课程的学习，还要进行八大类上百个科目的专业技能训练。

为了训练，景海鹏每天6点半起床，8点开始训练，一直到中午12点。午饭后，他又要从下午1点训练到6点，晚上还要写当天的总结并安排第二天的训练。睡前躺在床上，他还会闭上眼睛默想一遍当天的训练过程。这样的日子，景海鹏一过就是10年。景海鹏晚上12点前几乎没有休息过，他不仅舍弃了许多爱好，且几乎没有参加过任何聚会，没有一个春节是陪父母度过的，更没有陪妻子逛过街。正是这样艰苦的磨砺和锤炼，让他一步步完成了从飞行员向航天员的蜕变。坚持，坚持，再坚持。没有捷径，坚持是唯一的选择，这是那10年间，景海鹏收获最深刻的人生哲理。

2008年5月，景海鹏入选“神舟七号”飞行乘组，任务分配为03号返回舱值守航天员。9月25日，景海鹏搭乘“神舟七号”载人飞船成功进入太空。十年一梦，少年初心，终于梦想成真！

在执行“神舟七号”载人飞行任务时，连续出现两次意外情况。飞行乘组在按预定计划开启舱门时，舱门丝毫没有反应。而此时，飞船即将飞出测控区，必须尽快打开舱门，在下一个测控区完成出舱活动。景海鹏和战友们用辅助工具撬了两次，刚打开一点缝隙，强大的压强又把舱门紧紧吸上。他们拼尽全力，才终于打开连接浩瀚太空的舱门。

航天员还没来得及喘口气，紧绷的弦儿还没松下来，第二个意外情况又出现了，舱里突然传来报警提示，语音不断重复："轨道舱火灾！轨道舱火灾！"发生火灾，乘组就回不去了。景海鹏沉着冷静地做出判断——应该是飞船出现了误报。乘组果断调整步骤，冒着风险完成了太空行走，让鲜艳的五星红旗飘扬在浩瀚太空。9 月 28 日傍晚，"神舟七号"飞船圆满完成所有任务，返回舱安全着陆，顺利返回。

二、不忘初心，践行使命

景海鹏曾经说过："2008 年我的飞天梦想实现后，我就把新目标瞄上了'神舟九号'飞行任务。梦想又一次实现后，很多人问，你还训练吗？我就笑着说，不训练我干什么呢？我又萌生了下一个梦想，那就是备战'神舟十一号'飞行任务。"

究竟是一种怎样的精神，让这个黄土高原养育的三晋男儿如此执着这份有风险的飞天事业？景海鹏给出的回答是：回报祖国。他说："我一个农村娃，实现了一个又一个梦想，都是国家培养的结果，我要回报国家。"正是这颗赤子之心，这份报效祖国的初心，让他一次又一次申请执行飞天任务，报效国家。

2012 年 6 月 12 日，景海鹏入选"神舟九号"飞船载人航天飞行乘组，并当选指令长。景海鹏不仅要确保成百上千个指令准确无误地发送，还要组织各类实验有序开展；不仅要严格执行飞行计划，还要调动大家的主观能动性，使大家高效愉悦地在“天宫一号”中工作和生活。这次飞行的时间更长，在轨操作更多，任务更重，对乘组的身心素质、工作能力、任务规划等要求也更高。经过刻苦训练，2012 年 6 月 16 日，“神舟九号”载人飞船成功进入太空。景海鹏、刘旺、刘洋通力合作，圆满完成我国首次载人空间交会对接。

尽管已两度飞天，具备了丰富的经验，但景海鹏并未停止高标准学习训练的步伐。2012 年“神舟九号”任务结束后，4 年的时光又在景海鹏勤学苦练中匆匆而过，当 2016 年“神舟十一号”飞行任务航天员名单公布时，即将迈入知天命年龄的他赫然在列。过硬的素质、丰富的经验、完美的成绩，让景海鹏在大家敬佩且信服的目光中顺利入选飞行乘组。

在执行此次任务中，乘组每天的计划那叫一个充实：太空养蚕、跑台试验、种植蔬菜……他们几乎每天都要工作到晚上 11 点，有时甚至要到凌晨一两点。由于工作量大，他们总是不能按时吃饭。地面上的领导和专家看到后，提议压缩工作量以保证航天员的营养和休息，但景海鹏却说：“上一次太空不容易，试验任务再多，我们也要把它完成好。我们不是上来睡觉的。”就这样，他们加班加点，完成了 38 项科学试验。

多次上太空的景海鹏不止一次面对“还会不会再飞”这样的问题。而每次他都会说：“作为一名航天员，我会时刻准备着接受祖国的再次挑选。”

景海鹏执行了“神舟七号”“神舟九号”“神舟十一号”载人飞行任务，并获得圆满成功。2008 年 11 月 7 日，中共中央、国务院、中央军委授予景海鹏“英雄航天员”称号。2009 年 1 月，景海鹏以“神舟七号”航天员的身份当选 2008 年“感动中国”十大人物。2012 年 10 月 1 日，中共中央、国务院、中央军委决定，给景海鹏颁发“二级航天功勋”奖章。2013 年 2 月 1 日，景海鹏当选“2012 中华儿女年度人物”。2016 年 12 月 26 日，中共中央、国务院、中央军委给景海鹏颁发“一级航天功勋”奖章。2017 年 7 月，景海鹏荣获“八一勋章”。2018 年 12 月 18 日，景海鹏被中共中央、国务院授予“改革先锋”称号。

面对媒体采访，他曾说：“十年的磨砺，三次出征，两次考验，我变得更加成熟、更加自信，心态更加平和、更加阳光，更加懂得感恩。不管飞得再高、飞得再远，我都时刻提醒自己，永远不能忘记国家和部队的培养，永远不要忘记家乡父老的殷切期望！”

面对荣誉和光环，景海鹏依然努力着、奋进着……

转眼来到 2023 年 5 月 29 日，神舟十六号承组的三位航天员在酒泉卫星发射中心问天阁与中外媒体记者见面，景海鹏再一次出现在大家的视野中，这是他第 4 次“太空出差”，正所谓“烈士暮年，壮心不已”，景海鹏屡次创造并刷新中国人飞行次数的最高纪录。一枚枚金灿灿、沉甸甸的勋章背后，是他一次次追逐飞天的梦想。景海鹏曾说：“梦想是很重要的大学，够不着，就跳一跳，努努力就实现了。”的确，以梦为马、不负韶华，在梦想这所大学里，景海鹏是幸福的，更是努力的！

第三节 脱贫攻坚梦：走出去，富起来

一、“搬”出新天地

位于吕梁山区的山西省岢岚县是国家扶贫攻坚重点县之一，这里的干部群众是怎样打赢这场硬仗的呢？正所谓“金窝银窝不如自家的草窝”，可想而知，搬迁对于安土重迁的中国人来说意味着什么。

2017 年 6 月，大山里的 115 个村子都动了起来，一场涉及 4300 多人的大搬迁启动了。望着眼前的大山就能直观地感受到什么是连片深度贫困，要搬的村就散落在大山的深处。能走的人都走了，不少村常驻的人还不到 50 人，交通、教育、卫生服务等都是难题，超过一半的房子都是危房。当地政府经过调研，认为整村彻底搬迁才是解决当地群众深度贫困的根本举措。但是这一仗可不好打。

小化沟村算贫困村里条件比较好的一个，但是对搬迁的抵触也大。会议开了一次又一次，但村民依然有很多顾虑和需求，比如房子折价多少钱，搬置到新房子需要多少钱……这个时候，干部是一定要站在群众的角度，为村民好好算算账。终于，最难搬迁的小化沟村也动了起来，其他各村的村民们也在纷纷做着搬迁的准备。故土难离，卖掉了羊；与延续了几辈子的谋生方式说声再见；再上一次坟，与留在这片土地的亲人道别。

外面的世界是什么样的？村民们的心里都没底儿。为了解决这个问题，涉及搬迁的乡政府陆续安排村民们去了安置房小

区和移民新村，让村民们亲眼看到了未来的新家。

前文中我们讲到了李双良老人搬走渣山、治理渣山，同一个字写出了不同的意义，又都创造出一片新天地、实现了一个新梦想。

赵家洼是第一批搬迁的村子，村子里只剩下六户人，大家选了个日子一起搬，帮着搬迁的干部不仅是在体力上帮忙，更是在精神上陪着村民度过这段百感交集的日子。县里的移民新区就是新家，短短不到一个小时的路程，赵家洼的贫困户走出了原来以为一生都走不出的大山。村民们岁数都大了，也都是第一次进城生活，驻村干部们帮着他们安顿新生活。

就这样，不断有新房落成的消息，不断有村民加入到分房看房的行列中……仅半年的时间，已有一千多户贫困户搬进了新家。

脱贫攻坚这场硬仗中，搬迁的战役结束了，新的战役又打响了。村民们有搬出去的渴望，同时也有能否稳得住的迷茫。春节一过，岢岚县召开了一场招聘会。可易地搬迁来到城里的村民在招聘会上屡屡碰壁。扶贫，更要扶志气、扶智慧。从搬得出到稳定住，还有更硬的仗要打，还有更大的梦要做。让村民有稳定的工作，还要有比农村更高的收入、更好的生活质量，这样的生活在搬迁户中正在逐步实现。生活生活，生动起来才能活，就是要让有内生动力的劳动力活起来。习近平总书记在岢岚的宋家沟考察时号召乡亲们和党中央一起撸起袖子加油干！先脱贫，再小康，进而振兴！

二、姐姐妹妹闯北京

山西大同的天镇县位于山西的最北端的高寒区，是全国扶贫开发工作的重点县，当地把劳务输出作为脱贫的主要抓手，并称之为“雨露计划”。

天镇县距离北京只有280公里，县里想到北京过节期间，家政服务行业人手短缺，便打算组织县里的妇女去北京当保姆，可没想到真正组织起来却很难。这些天镇县的保姆年龄大都在四五十岁左右，其中不少人还是第一次出门打工，又是在春节期间，中国人又很重视逢年过节，她们又如何劝说自己在阖家团圆的日子外出打工呢？

看来传统文化是一道难以跨越的坎儿，天镇县的妇女要想迈出春节进京打工的第一步不容易，全县221个村子，最终只有19人愿意进京打工，且她们都没有外出打工的经验。

春节越发近了，家却越来越远了，19名妇女在火车上给家里人打电话，说着说着，眼泪便开始在眼眶中打转。但是大家深知，只有这个时候外出打工才是最好的时机。

姐姐妹妹闯北京，向梦想出发！

当拿着自己的辛苦钱后，她们终于尝到了打工的甜头儿，更重要的是，她们提升了眼界，增长了本事。家里人也不再反对了，高高兴兴地为她们送行，接下来的外出便更有信心了。

又一批天镇县保姆要进京了。如果每个村子都能走出一个标杆似的人物，就能带动更多的妇女迈出脱贫的第一步。

在扶贫路上，我们披荆斩棘、乘风破浪，以不获全胜决不收兵的勇气、越是艰难越向前的决心，向着我们的中国梦扬帆起航。

愚公梦、航天梦、脱贫梦……把你的梦、我的梦串在一起，串成我们共同的梦，串成一个“中国梦”。在今朝，共同放飞属于中华民族的振兴之梦！

［线上作业布置］

1. 你从景海鹏身上学到了什么？
2. 对于山西的红色文化，你还了解哪些内容？
3. 如何理解“中国梦”，它对每一个中国人的意义是什么？

［线下翻转课堂］

1. 结合学生线上提问及作业完成情况，进一步讲解本章重难点内容。

2. 以“谁不说俺家乡美”为话题，让学生以小组为单位，说说自己家乡的特色，形式不限。这一话题是为最后一讲作铺垫。

［课后作业］

1. 完成线上答题与章节测试题目。

2. 结合见面课的话题，进一步完善“谁不说俺家乡美”这一作业。

［课程思政要点］

本章所涉及的思政元素主要体现在对中国梦的解读，由此引导学生理解国家的梦想是和我们每个人息息相关的，同时进一步解读太行精神在当代的体现和传承。

［本章总结］

本章是对太行精神在当代的进一步解读，在太行精神的引领下，我们实现了愚公梦、航天梦、脱贫梦……中国梦正是由这些梦串联而成的。引导学生树立目标意识，懂得梦想的实现需要靠脚踏实地，同时与家国的培养是分不开的。我们披荆斩棘、乘风破浪，以不获全胜决不收兵的勇气、越是艰难越向前的决心，向着中国梦扬帆起航。

第八章

胸怀天下：精神传承的时代使命

[教学目的和任务]

1. 了解山西传统与开放兼具的文化心理的形成。
2. 理解晋商崛起以及山西外向型文化的发展。
3. 学习与理解晋商精神。
4. 了解山西文化外传的特点与现状。
5. 明确当代大学生肩负的文化外传的历史使命。

[重点与难点]

1. 山西文化心理的形成及特点。
2. 晋商的突围精神及晋商对山西文化外传的贡献。
3. 当代大学生如何更好地传播民族（或地域）文化。

[线上讲授内容]

第一节 外向型文化心理的激活

一、传统与开放兼具的文化心理

山西表里山河，四面阻隔，黄河西南环绕，太行、吕梁东西矗立，塞上高原北接内蒙古，南面的黄河断出秦晋，千里汾河由北而南养育了三晋儿女，15 万余平方公里的土地在重重关隘的守护中，跨越了历史的风风雨雨而愈显沉稳厚重。在这种四方封闭的环境中，山西人形成了相对沉稳、传统守成和眷恋故土的文化心理。

民国时期的山西“土皇帝”阎锡山统治时期所修铁路皆为窄轨铁路。尽管阎锡山有节省成本的考虑，但更多是保卫自己独立王国的需要。阎锡山曾经说过：“窄轨有窄轨的好处，有了事情，外面的火车进不来。”因此，这种排斥外人，维持内部独立与稳定的做法实际上是山西人传统守成文化心理的表现。正是这种较为稳重守成的性格，使山西成为华夏文明延绵几千年未曾断绝的少有省份之一。

除传统守成文化心理外，山西还有开放包容的文化性格，这是由多民族交融的地理位置所决定的。就商业贸易而言，早在金、元时期，山西的经济、文化在北方皆居领先地位。意大利著名旅行家马可·波罗在《马可·波罗游记》中，对山西的描述如下：“太原府工商颇盛，产葡萄酒及丝，有商人到印度通商谋利，平阳府居住商人不少。”

这种开放的心理不仅表现在与其他民族经济、文化的交流方面，还表现在人口的迁移。最典型的事例便是孝文帝迁都洛阳。

公元 419 年正月，北魏孝文帝拓跋宏对国家作出了重大的战略调整，决定把都城南迁到洛阳。当时北魏都城平城（今大同），历经百年建设后，已成为中国北方第一大名城，也是国际大都市，来自西域、中亚细亚、高丽、百济等国的商人、使者络绎不绝。但随着北魏国土不断向南拓展，长江以北的广阔地区都在北魏的统治下，平城的影响力已无法辐射至全国，很难起到政治、经济、文化中心的作用。而洛阳属于农业发达的中原地区，有助于实现鲜卑族一统华夏的大业。但孝文帝知道，迁都大事，必然会受到安于现状、不愿背井离乡的人的反对，于是他心生一计。

图 8-1　北魏孝文帝

图片来源：https://baike.so.com/doc/5682960-5895638.html

公元 493 年，孝文帝下令全国进入战争状态。9 月，孝文帝亲自率领 30 万大军南征。此时秋雨连绵、道路泥泞，士兵叫苦不迭，硬生生走了 45 天，才从平城走到了洛阳，稍作休整后，孝文帝又命令继续南下。大臣和士兵们实在受不了，跪在孝文帝的战马前，不愿再走。

孝文帝说："兴师动众地出来这么久，怎么能无功而返呢？怎么向国人交代。除非我们找个理由，就说是为了迁都到这里。"大臣和士兵们为了不再南进，便只好同意孝文帝迁都洛阳的建议。迁都后，孝文帝便全面推行汉化政策，这极大促进了鲜卑族与汉族的融合。如果把孝文帝迁都之事与赵武灵王胡服骑射的故事进行对比，便会发现三晋大地上文化交融出现了一个非常有意思的"逆向轮回"现象。也就是说，800 多年前，赵武灵王命令全国穿胡服；而 800 多年后，孝文帝禁止全国穿胡服，改说汉话穿汉服。两件事看起来是逆向而行的，但本质上，两者都是以开放的心态吸收融入先进的文化，是不同民族文化的融合。

总之，山西特殊的地理环境，既赋予了山西人沉稳守成、眷念故土的文化心态，同时也赋予了他们跨越大山的勇气与突围而出的开放意识。

二、人口迁移与文化传播

山西自古便是民族交融杂居的地方，人口迁移显得较为频繁。山西在相对封闭的环境中形成了局部开放的文化心理，而大型的人口迁移更多来自政府的有意为之，人口的大量外迁，极大促进了山西文化的对外传播。

元末明初，中原战乱不断，加上水灾、蝗灾、瘟疫的不断发生，使中原之地"死亡百姓无数，村庄城邑多成荒墟"，从而造成人口大量减少。但山西因其得天独厚的地理条件，未受战乱波及，多年来风调雨顺、经济繁荣、人丁兴旺，于是出现了填补中原人口的大移民。《明太祖实录》记载，明洪武十四年，河南人口 189.1 万，河北人口 189.3 万，而山西人口却达 403 万，比河北、河南人口的总和还要多。

山西洪洞在宋金之际已经发展成为山西南部首屈一指的经济、文化鼎盛之区，到明朝初年，洪洞经济富足，人口众多，人才辈出，成为移民首选之地。据说，当时打算移民洪洞的人，到洪洞大槐树下集合后统一出发。因此，各地开始盛传这样的民谣："问我祖先来何处，山西洪洞大槐树。"据考证，明朝洪武年间山西洪洞大槐树大规模移民 10 次，永乐年间 8 次，共计 18 次。

据《明史》《明实录》《日知录之余》等正史、笔记史料，及其他各种资料的不完全统计，明朝洪洞大槐树移民姓氏共 812 个，移民分布共 18 个省（市）、500 个县（市）。

洪洞大槐树已成为山西最具标志性的文化符号之一，印刻在移民后裔的记忆深处。自 1991 年起，每年的清明节前后，洪洞县都要在大槐树下举行隆重的寻根祭祖活动，大槐树移民后裔从全国，甚至世界各地聚集在大槐树下，追忆那魂牵梦绕的情景，大槐树也因此成为数以亿计的大槐树移民后裔寻根祭祖的圣地。这种挥之不去的"同宗共族，天下一家"的大槐树情结，构成了中华民族传统文化中一道亮丽的风景线。

明初大移民只是山西移民史上最为耀眼的瞬间。实际上，山西移民史上大部分的迁徙少为人知。但正是这种带有被动性质的移民，不但使山西文化得以外传，而且山西外向型文化心理也逐渐得以激活并一步步地得到强化。

第二节　晋商崛起与精神突围

一、富甲天下的晋商帝国

如果说山西元末明初的移民多为被动的人口外迁，那么明清之际的晋商则是主动出击。长达500年之久的晋商活动不仅造就了山西富甲天下的辉煌历史，还极大促进了山西外向型文化心理的形成与成熟。

山西人自古以来就有经商的传统。先秦时期晋南一带就有了商业交易活动。晋文公称霸时，榆次、安邑就已成为有名的商业集镇。秦汉时代，太原、平陆、平遥、汾阳等地已成为重要的商品集散市场。太原在唐朝便是有名的商业都市，韩愈形容当时的太原是“朗朗闻街鼓，晨起似朝时”。但这一时期的山西商人还没有相应的组织和突出的地位。

到了宋代，山西商人与徽州商人并称，成为当时中国商业的中坚力量。北宋天朝所需要的战马大多依靠北方的辽来供应，辽也急需要宋的手工业制造品。据历史文献记载，宋朝庆历年间（公元1041—1048年），宋王朝出绢2000多匹在山西岢岚买马，又出绢30000多匹在山西各州府买马，而非官方的民间贸易则更是频繁。

在明、清两代，山西商业地位更加突出，山西商人（史称“晋商”）已位于国内三大商帮（晋帮、徽帮、潮帮）之首。世界经济史学者把山西商人与意大利商人相提并论，给予山西商人很高的评价，还有人把山西人称为“中国的犹太人”。从绸缎、食盐、茶叶到当铺、钱庄，山西商人无所不经营，经商范围西至阿拉伯国家，东到日本，北到莫斯科，南至印度的加尔各答。山西商人骄傲地自称：“凡是有麻雀能飞到的地方都有山西人。”

扫描下方二维码
了解更多三晋故事

到了 19 世纪末，由于外国资本主义的侵略和清政府的压榨，加上现代交通发展，海上贸易和沿海、沿江商路扩大，原经山西的陆路贸易逐渐冷落，晋商最终走向了衰落。

晋商的辉煌历史同样源于三晋大地表里山河的自然环境与绵延不绝的文化底蕴，而晋商文化的核心是晋商精神，主要表现在坚韧不拔的顽强毅力、忠诚守信的“关公情结”、同舟共济的团结意识，以及向外开拓的突围精神等方面。

二、坚韧不拔的顽强毅力

山西常年干旱，山多地少，土地较为贫瘠，加上人口较多，导致山西人忧患意识较强，外出谋生便成为多数人的选择。有山西民谣唱道：“河曲保德州，十年九不收，男人走口外，女人挖野菜。”这首民谣充分说明了山西人因自然条件较差而被迫外出谋生的历史事实。

《太谷县志》中对太谷县有这样的描述：“民多而田少，竭丰年之谷，不足供两月。故耕种之外，咸善谋生，跋涉数千里率以为常。土俗殷富，实由此焉。”

山西人有意识、有规模地外出谋生是从“走西口”开始的。“走西口”，与“闯关东”“下南洋”一样，是近几百年来中国著名的人口迁徙。“西口”是指山西右玉县的杀虎口，是山西到内蒙古之间那一段长城上的关隘。民歌《走西口》唱出了山西人外出创业的艰苦与辛酸：

哥哥你走西口，
小妹妹我实在难留。
手拉着哥哥的手，
送哥送到大门口。
哥哥你出村口，
小妹妹我有句话儿留：
走路走那大路的口，
人马多来解忧愁。
紧紧地拉着哥哥的袖，
汪汪的泪水肚里流。
只恨妹妹我不能跟你一起走，
只盼哥哥你早回家门口。

民歌《走西口》背后隐藏着无数山西男人创业的故事，是他们用血汗、泪水吼出的荡气回肠的创业悲歌。纪晓岚在《阅微草堂笔记》中曾说：“山西人多商于外，十余岁辄从人学贸易，俟蓄积有资，始归纳妇。纳妇后，仍出营利，率二三年一归省，其常例也。或命途蹇剥，或事故萦牵，一二十载不得归。甚或金尽裘敝，耻还乡里，萍飘蓬转，不通音问者，亦往往有之。”

晋商远走他乡，面对恶劣的环境，有的积劳成疾，有的身遭不测，埋骨他乡，有的沦为乞丐，悲惨死去。但山西人没有退缩，最终把处于“士农工商”中末流的商业推向了顶峰。这源于山西人坚忍不拔、持之以恒的创业理念。正如柳林县《杨氏家谱》所言：“天地生人，有一人莫不有一人之业；人生在世，生一日当尽一日之勤。业不可废，道唯一勤。功不妄练，贵专本业……无论士为、农为、工为、商为，努力自强，无少偷安，则人力定可胜矣！安在今日贫族，且不为将来富矣！”

图 8-2　杀虎口（西口）

图片来源：https://new.qq.com/rain/a/20220529A0606W00

当代著名学者、散文家余秋雨在《抱愧山西》一文中对晋人走西口大加赞叹：“他们不甘受苦，却又毫无政治欲望；他们感觉到了拥挤，却又不愿意倾轧乡亲同胞；他们不相信不劳而获，却又不愿意将一生的汗水都向一块狭小的泥土上灌浇。他们把迷惘的目光投向家乡之外的辽阔天空，试图用一个男子汉的强韧筋骨走出另外一条摆脱贫困的大道。他们几乎都没有多少文化，却向中国古代和现代的人生哲学和历史观念，提供了不能忽视的材料。”

由此可见，走西口促进了山西与外地的文化交流，促进了商贸的发展，也成为社会变革的积极因素。更为重要的是，走西口成就了晋商的辉煌，极大促进了山西外向型文化心理的逐渐形成。

三、忠诚守信的关公情结

山西人的忠厚老实与山西的地理位置有莫大关系。山西地处较为封闭的内陆，在这种相对孤立环境的影响下，山西人逐渐养成了传统守成、忠厚老实的性格。被世人尊为“武圣”的关公，其诚信忠义的性格便是典型的山西人性格。“晋商”能行走天下，其成功秘诀便是他们在自己的商业活动中传承了关公文化中的“忠、义、仁、勇”等伦理道德，从而在商业帝国中建立了极高的信誉。晋商教科书之一的《行商遗要》中开篇写道：“为商贾，托天理，常记心上。不瞒老，不欺幼，义取四方。”也就是说，只有讲信义，才能通行天下。

有位山西通州商人王文显，出身官宦世家，但因家境衰败，便弃儒从商。王文显属于“善贾”类的商人，即品行端正的商人。他从来不以欺骗为手段谋取不正当利益。他的墓志铭中有一段训诫儿子的话：“夫商与士，异术而同心。故善商者，处财货之场，而修高明之行，是故虽利而不污。善士者，引先王之经，而绝货利之经，是故必名而有成，故利以义制，名以清修，恪守其业。天之鉴也。如此则子孙必昌，身安而家肥矣。”王文显强调的“利以义制”的商业道德，也是商业活动必须谨守的道义。

日昇昌票号是中国第一家专营存款、汇税等业务的私人金融机构。一个有关日昇昌的故事曾广泛流传。据说，清朝末年有个乞丐婆子拿着一张一千二百两的汇票到日昇昌兑付银钱，日昇昌接到这张汇票时发现存款时间是三十多年前。原来，这个乞丐婆子是平遥人，年轻的时候，丈夫出门做生意，在张家口贩卖皮货，他将赚到的钱存在票号，换成了汇票，后来回家途中不幸染病，不治而亡。一次，她翻看丈夫当年留下的一件夹袄时，发现了这张汇票，于是便带着汇票前来试试运气。日昇昌的大掌柜认真地核对了票据，查证无误后，立即给她兑付了白银。

1900 年，八国联军入侵北京城，京城的很多王公贵族、豪门贵戚都随着慈禧太后和光绪皇帝向西逃走。由于他们是仓皇出逃，来不及带家中的金银财宝，只把便于携带的山西票号的存折带在了身上。他们一到山西就急着兑换银两。可山西在京城的分号也在战乱中被抢劫一空，有的店铺甚至都被烧毁了。山西票号面对这突如其来的打击，本可以向这些京城来的储户说明自己分号在京城的遭遇，由总号将毁掉的账簿重新整理出来后再做安排。可以日昇昌为代表的所有山西票号都没有推辞，只要储户拿出存折，不管额度多大，一律兑现。山西票号这样的做法，无疑是背负了巨大风险的自毁行为，一旦有小人乘机作乱，后果将不堪设想，票号的经营者有可能因此而遭遇灭顶之灾，但晋商在大风大浪中毅然保持着诚信本色，他们的远见卓识和不计后果的大信大义，向世人证明了信义在票号行业中至高无上的地位。

另外，晋商的团结互助也是与忠诚守信紧密相关的另一精神特征。晋商所具有的同舟共济的团结意识，是和山西人浓厚的乡土情结密切相关的。背井离乡的晋商遵循“不扉眷，不娶外妇，不入外籍，不置外面之不动产。业成之后，筑室买田，养亲娶妇，必在故乡”等不成文的规矩。晋商对乡土的眷恋极为强烈，他们的“老乡意识”要强于其他省份，因此山西人在外大都非常团结。晋商在外常设有老乡会和山西会馆，其目的是联络乡情，增进同乡间的团结与协作。

总之，山西厚重的文化传统，忠义诚信的关公情结，长期影响并孕育了晋商的诚信文化，晋商秉持以“诚信”为核心的商业精神，成功建构了属于他们的长达500年之久的商业帝国。

四、向外开拓的突围精神

晋商“雄居商界五百年，纵横欧亚三万里”，他们不仅在中国本土发展商贸，同时还走出国门，放眼国际市场，凭着大视野、大智慧，以及顽强的忍耐力和坚忍不拔的精神，成功打败了俄国、日本、朝鲜等国商人，把票号开到国外。在与外国商人斗智斗勇的过程中，也彰显了“天下兴亡，匹夫有责”的爱国主义精神。

梁启超在《饮冰室文集》中曾说："鄙人在海外十余年，对于外人批评吾国商业能力，常无辞以对，独至此，有历史、有基础、能继续发达之山西商业，鄙人常以自夸于世界人之前。"梁启超的民族自豪感因晋商而生。

余秋雨对晋商有着这样的评价："事实上，乔家大院影片中那种封闭生活，你只要在这个宅院中徜徉片刻，便能强烈地领略到一种心胸开阔，敢于驰骋华夏大地的豪迈气概。万里驰骋收敛成一个宅院，宅院的无数飞檐又指向着无边无际的云天。钟鸣鼎食的巨室不是像荣国府那样靠着先祖庇荫而碌碌无为地寄生，恰恰是天天靠着不断的创业实现着巨大的资金积累和财富滚动。因此，这个宅院没有像其他远年宅院那样传递给我们种种避世感、腐朽感或诡秘感，而是处处呈现出一种心态从容的中国一代巨商的人生风采。"

由此可见，晋商精神中的坚忍不拔、忠诚守信、爱国卫家的优秀品质，以及向外开拓的创业精神，与太行精神、大寨精神、右玉精神、锡崖沟精神等是一脉相承的，这些精神都是三晋大地上孕育出的文明成果，是华夏文明在不同时期的具体呈现。

如果进一步分析研究，不难发现这些精神中都具有一种"突围意识"，其本质与开放的发散型思维或创新思维相关，也与外向型文化心理相关。这里所说的"突围"，既有地理空间的突围，也有文化观念的突围。大寨精神和右玉精神更多体现在文化观念的突围，而晋商精神、锡崖沟精神则更多体现在地理空间上的突围，但本质上仍是文化观念的突围。太行精神尽管内涵复杂，但其地理空间和文化心理的突围始终交织在一起。

第三节　转型发展与时代使命

一、三晋文化传播要点

《文化论纲——哲学视野中的文化问题研究》一书中是这样阐述文化传播的概念："文化传播是一种文化随同社会交往而广泛地传播开来，为其他社会所选取和吸收。即文化从一个地域到另一个地域，从一个社会到另一个社会，从社会的一个部分到另一个部分的浸透和扩展过程。"

党的十八大以来，习近平总书记多次亲临山西考察，并强调建设转型综合改革发展示范区，是党中央赋予山西的一项重大任务，也是实现山西转型发展的关键一招。山西必须抓住国家"一带一路"、京津冀协同发展、环渤海地区合作发展等重大战略机遇，加大开放力度，借势借力，促进转型跨越发展，提升综合实力。

若想促进山西的转型跨越发展，必须重启开放的文化心理，真正做到立足山西，放眼全国，立足全国，放眼世界，积极推动优秀传统文化的传播，弘扬以太行精神为主体的民族精神，大胆突围，勇于创新，增强文化自信力。

为更好促进三晋文化的传播，需把握以下要点：

首先，山西是华夏文明的发祥地，因此，在很大程度上，三晋文化的传播也是中华优秀传统文化的传播。在此基础上，我们必须明确的是：山西的主导精神为太行精神，太行精神与当前民族复兴的伟大时代精神相一致，其中包括太行精神延伸发展而成的大寨精神、右玉精神、锡崖沟精神和吕梁精神等。太行精神是华夏文明与民族精神在特定时间特定地域的具体呈现。

其次，三晋优秀文化传播应以文化观念与精神价值的传播为主体，以其物态产品形式为载体。因为在物质、制度与精神文化中，精神文化最为稳定，能长期作用于人，并融入人的行为习惯之中。精神文化的传播载体或媒介可以是多样的，包括各种物质形式或艺术符号形式等。

再次，山西文化不仅要走出去，还要引进来。即引进外来先进文化理念或管理模式等，从而使山西文化传播形成开放的内外双向互动特性。

最后，现代信息社会的媒介革命为山西文化传播提供了更加便捷的渠道优势。移动通信和信息技术使封闭的地理空间得以突破，山西文化的对外传播与外来文化信息吸收的渠道或路径得到极大的拓展，从而改变了传统的文化传播模式。

总之，山西文化传播应以太行精神、晋商精神等文化理念、价值观念的传播为主体，并且根据时代精神和社会发展的需要，把握好文化传播的要点。

二、山西文化传播现状

当前，山西文化对外传播包括国内和国际两个方面，且内容越来越丰富，渠道与途径也越来越多样化，影响力也在逐渐扩大。

就传播走向而言，文化传播有两种方式：一是“引进来”，二是“走出去”。“引进来”，即将省外、国外的受众人群引入山西，让他们体验、了解山西文化。近年来，山西为此举办了一些活动，如洪洞大槐树寻根祭祖节、山西文博会、平遥国际摄影展、平遥国际电影展、山西（怀仁）国际风筝文化节、山西太原国际民间艺术节、三晋国际服饰文化节、山西（汾阳·杏花村）世界酒文化博览会、左权民歌汇（2023 年改为“中国民歌盛典”）等。

值得一提的是，洪洞大槐树寻根祭祖节（又名洪洞大槐树文化节），是洪洞大槐树寻根祭祖园旅游景区在每年清明节前后举办的大型文化节日。每届祭祖节都有数以万计的来自全球各地的人前来参加，不仅增强了华夏儿女的归属感和凝聚力，同时还极大促进了山西省内外文化的交流与合作。

图 8–3　洪洞大槐树（作者团队拍摄）

“走出去”，即山西文化产品走出山西、走出国门，在国内外传播。例如民间艺术团出省或出国参加表演或比赛，文化艺术产品参加全国大型的文化博览会等。具体来说，2019 年 3 月举办的纪念中法建交 55 周年系列文化交流活动中，平遥推光漆器、祁县剪纸、和顺刺绣、左权小花戏等参加了巴黎举办的“光影流年——中法友好故事”分享会，扎实推动山西文化走出去。2019 年 10 月，应马来西亚国际关公文化节邀请，太原市晋剧艺术研究院晋剧《关公》剧组走出国门，在南亚一些国家演出，获得当地观众的好评，促进了传统文化的外传。

在优秀文化传扬的过程中，以太行精神为核心的山西红色文化，对外传播也卓有成效。比如赵树理的《小二黑结婚》《李有才板话》，马峰、西戎的《吕梁英雄传》等文学作品，还有红色影视作品，比如电视连续剧《八路军》《太行山上》，另外还有电影《吕梁英雄传》《刘胡兰》《百团大战》等，都在很大程度上传播了以太行精神为主体的山西红色文化，弘扬了包括吕梁精神、大寨精神、右玉精神和锡崖沟精神等在内的太行精神。

然而，三晋文化传播还存在着一些不足之处。由于封闭的地理环境使山西社会流动较为缓慢，文化交流的活跃度因此受到了一定影响，进而导致传播效率较低、传播力度不强、传播效果欠佳、形象塑造乏力、品牌意识欠缺、统筹意识不够、资金投入不足等问题。总的来说，山西文化交流传播还有很大的提升空间。

三、新时代大学生的文化使命

2018 年 5 月 2 日，习近平总书记在北京大学师生座谈会上的讲话中指出:“我们常讲，做人要有气节、要有人格。气节也好，人格也好，爱国是第一位的。我们是中华儿女，要了解中华民族历史，秉承中华文化基因，有民族自豪感和文化自信心。要时时想到国家，处处想到人民，做到‘利于国者爱之，害于国者恶之’。”

当前国际形势日益复杂，国际竞争日益激烈，随着中国的逐渐崛起，我们也将面临着更多、更大的国际挑战。学习、宣扬与传承优秀的传统文化，秉承中华文化基因，增强民族文化自信，抵御敌对势力的思想侵蚀，捍卫中华民族及国家利益，是每个中华儿女，尤其是当代大学生理应承担的历史使命。

源于五千年文明、植根于伟大实践的中华民族优秀传统文化，是维系国家统一、民族团结的精神纽带，是实现中华民族伟大复兴的旗帜。传承学习优秀传统文化，贵在积累，重在建设和创新。三晋气象之大美，历史文化之辉煌，离不开包容开放的博大胸怀与自主创新的精神。山西区域文明要想获得更大的发展，并对中华文明的发展起到更大作用，必须本着兼容革弊的态度，站在改革开放的前沿，加强文明对话和交流，在保持山西区域文明优良传统的基础上，借鉴和接受其他文明的优秀成果。当代大学生要根据时代的发展要求，不断以新的经验为文化发展赋予新的内涵和活力，增添富有时代精神的新内容，使之成为助力民族复兴大业的强大精神支撑。

当代大学生应积极投入文化复兴的伟大历史进程之中，把各种区域文化的发展同中国乃至世界的发展紧密联系起来，以更开放的眼光瞄准人类文化发展的最前沿，广泛吸取各种先进思想理念和知识成果，借鉴其科学的思维方法和研究手段，推进适应时代发展的文化新内容与新成果的出现。

2023年6月2日，习近平总书记在文化传承发展座谈会上强调：在五千多年中华文明深厚基础上开辟和发展中国特色社会主义，把马克思主义基本原理同中国具体实际、同中华优秀传统文化相结合是我国文化传承发展的必由之路。这是我们在探索中国特色社会主义道路中得出的规律性认识，也是我们取得成功的最大法宝。

三晋文明是华夏文明的核心组成部分，三晋文化的传播同时也是中华文化的传播，而太行精神是抗战精神的集中体现，也是民族精神的重要组成部分，因此，当代大学生面对日新月异的现代社会和瞬息万变的国际环境，应自觉传承优秀的传统文化，弘扬伟大的太行精神，强化同根共祖的认同意识，挺起华夏民族的伟大脊梁，自觉培养忧患意识、奉献意识、使命意识、奋斗意识、开放意识与创新意识，并将其落实到日常学习生活之中。

当前，科技飞速进步，网络通信技术日新月异地发展，为文化传播带来了巨大机遇与挑战，当代大学生在夯实学业的同时，应立足现实，放眼世界，志存高远。而传承地方文化、弘扬民族精神，吸收各种先进的文化理念，促进各地经济文化的交流、合作与繁荣，提升和增强国家综合实力，已成为新时代赋予当代大学生的新课题与新使命。

[线上作业布置]

1. 结合自己生活学习实际，谈谈对晋商走西口的认识。

2. 请结合现实，谈谈对晋商的商业诚信的认识。

3. 晋商文化有着长达500年之久的厚重历史，然而，到了近代社会，山西却逐渐落后于其他省市的发展，对于这一现象，谈谈你的看法。

[线下翻转课堂 *1*]

“诚信”的邀约。

这是一次关于是否“守时”的实验分享课。

测验目的：以约会的方式，测试身边人是否守时，即对约定时间的诚信意识。

测试者（发出邀请者）：本班同学。

被测试者（被邀约者）：本班以外的任何人，可以是校园大学生、教师、送餐者，也可以是远方的家人、友人等。

约会方式：线上、线下均可。

测试要求：

（1）以小组为单位，平均每人完成1人次以上邀约，双方约定的时间、地点、形式均不限；

（2）参与实验的同学至少两人在现场，并记录好约定时间以及被邀约者到达时间；

（3）“守时”时间的确认：线下，以被邀约者到达目的地时间为准，线上，以对方声音或者视频出现时间为准；

（4）记录时间以分为单位；

（5）做好相关统计，包括约会方式、提前或迟到时间，守时与不守时的比例（采用百分比统计法）等；

（6）在一周时间内完成“守时”测试，并在课堂上分享各小组实验结果和“诚信”思考。

［线下翻转课堂 2］

家乡文化外传。

1. 对自己家乡文化进行总体了解。

2. 经过调研、资料整理，列举出家乡文化外传的优势与不足。

3. 根据自己的调研，撰写一份家乡文化外传的策划文案。

4. 策划文案要求：格式完整，符合现实情况，具有一定创意特色，字数在 2000 字以上。

［课后作业］

完成线上章节测试。

［课程思政要点］

本章线上课程与线下课程都重视商业诚信精神的强调，强调把学生的思想教育与太行精神、右玉精神、吕梁精神等相结合，把山西文化传播与这些革命精神的传播相结合。

［本章总结］

在三晋大地上，不同时期所形成的不同精神样式，始终都贯穿着“突围意识”，这正是山西人外向型文化性格的集中体现，也即山西人既有眷顾家乡、追求稳定和传统守成的文化心理，也有包容开放，向外拓展的文化性格。当然这种“突围意识”也受到了山西变法革新文化传统的影响。而新时期，山西外向型的文化性格应该重新激活与发扬光大，这既是全球化时代的需要，也是现代中国人应该具有的文化品质与文明素养。

参考文献 ▶ REFERENCES

1. 董尉勤．宏伟的诗篇　历史的写真——学习毛泽东《沁园春·雪》感怀．
2. 中国毛泽东诗词研究会办公室．新时代如何深入解读《沁园春·雪》——毛泽东《沁园春·雪》研讨会综述．党的文献，2019（5）．
3. http://www.huangpu.org.cn/hpzz/hpzz201502/201503/t20150311_9246152.html.
4. 国家档案局发布《浴血奋战——档案里的中国抗战》第三集．新华网，2014-08-27．
5. 四十集山西党史系列电视片《追望大道》．
6. 山西抗战历史贡献．中共山西省委党史办公室，2015-09-08．山西日报，http://dangshi.people.com.cn/n/2015/0908/c85037-27556498.html．

7. 黄崖洞保卫战英雄团．中国之声《国防时空》，http://www.81.cn/jsdj/2019-10/09/content_9646506.htm.
8. 李志宽，李东光编写．太行烽火铸女杰．山西人民出版社，1995.08.
9. 康克清．三年来的华北妇女运动．中国妇女，1940（2，3，4）.
10. 毛泽东在中国女子大学开学典礼上的讲话．新中华报，1939-07-25.
11. 毛泽东．给中央妇委的一封信．1940-02-08.
12. 晋察冀边区妇女群众武装．中国妇女，1940（1，2）.
13. 2015年8月24日央视《朝闻天下》《晚间新闻》以“学校从军　为祖国流尽最后一滴血”为题播出的成成中学师生抗日游击队的事迹.
14. 张慧芳．斯人已逝诗文常青——论小说《吕梁英雄传》的不朽魅力．名作欣赏，2015（32）.
15. 军事科学院军事历史研究部．中国抗日战争史［M］．北京：解放军出版社，2015.
16. 王立红著．山西旅游地理［M］．太原：三晋出版社，2010.
17. 乔新华、靳茜．烽火巾帼：山西妇女在抗战中的历史作用．《光明日报》(N)．2018-04-25.11版.